INVENTAIRE
S 35

S 172.
T.

HERBIER COLORIÉ

DU JAPON

Faisant Suite à L'Herbier Colorié

des Plantes de la Chine

Gravé d'après des Desseins Coloriés

AU JAPON

Et dirigé par les soins

de J. P. Buchoz

Auteur de l'Histoire Générale

et Œconomique des 3 Regnes.

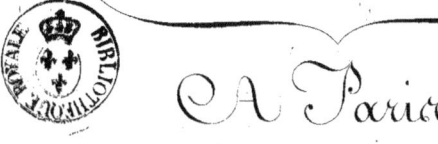

A Paris

Chez l'Auteur, Rue St André des Arcs, N.° 44.

1792

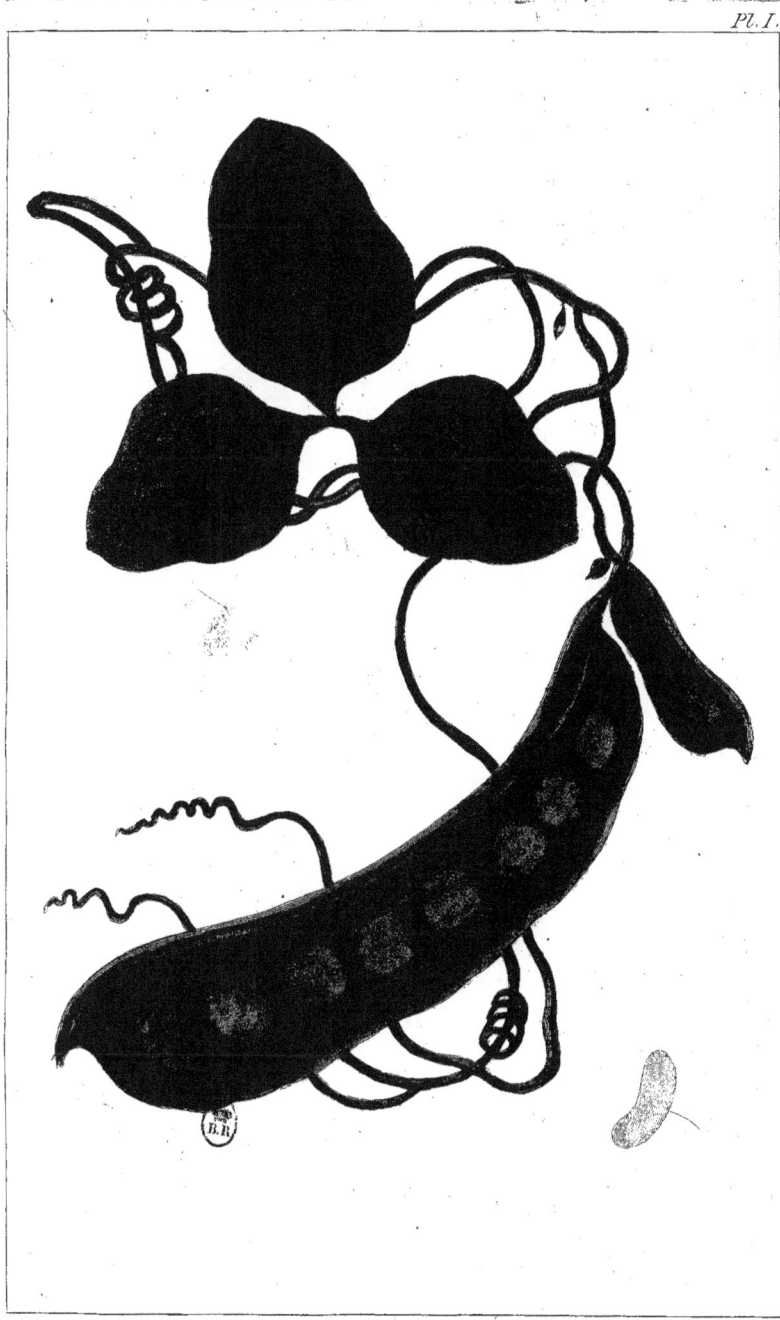

Pl. I.

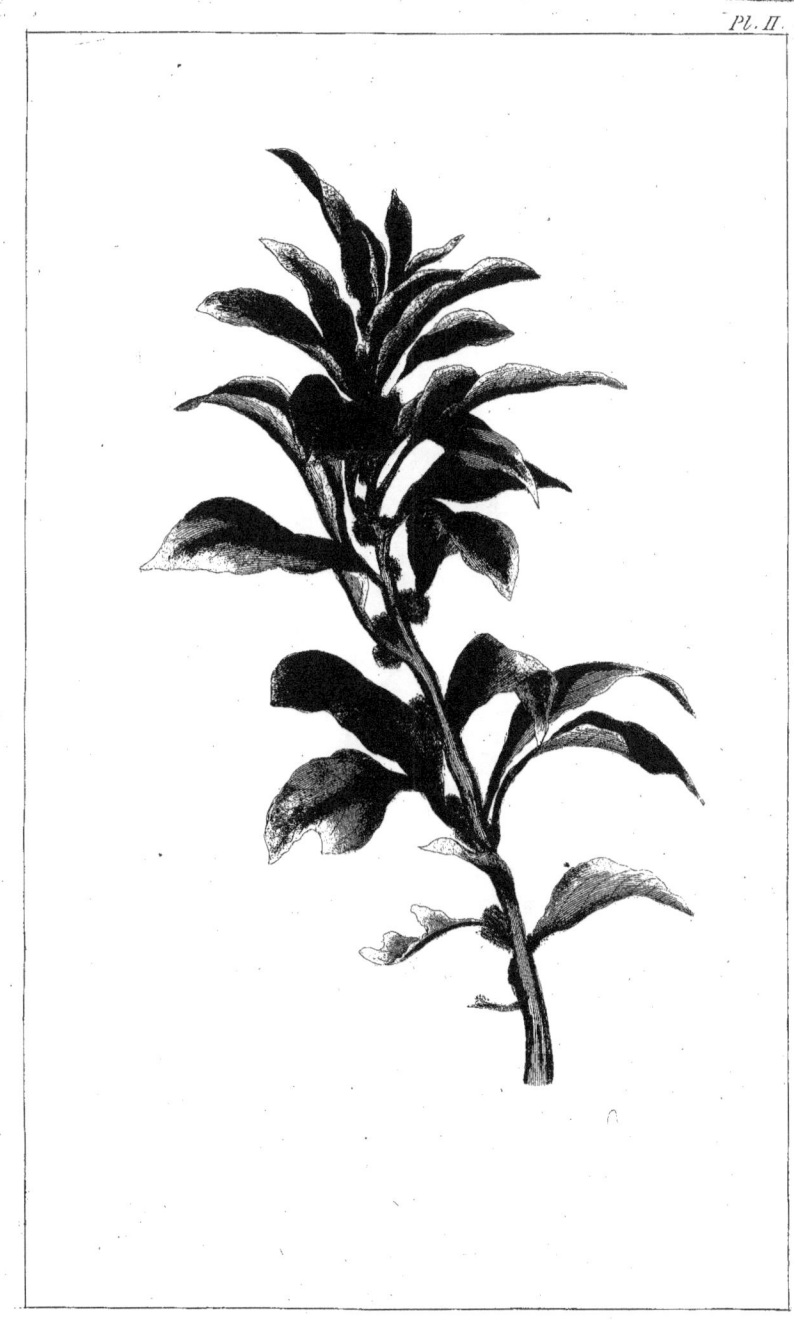

Pl. II.

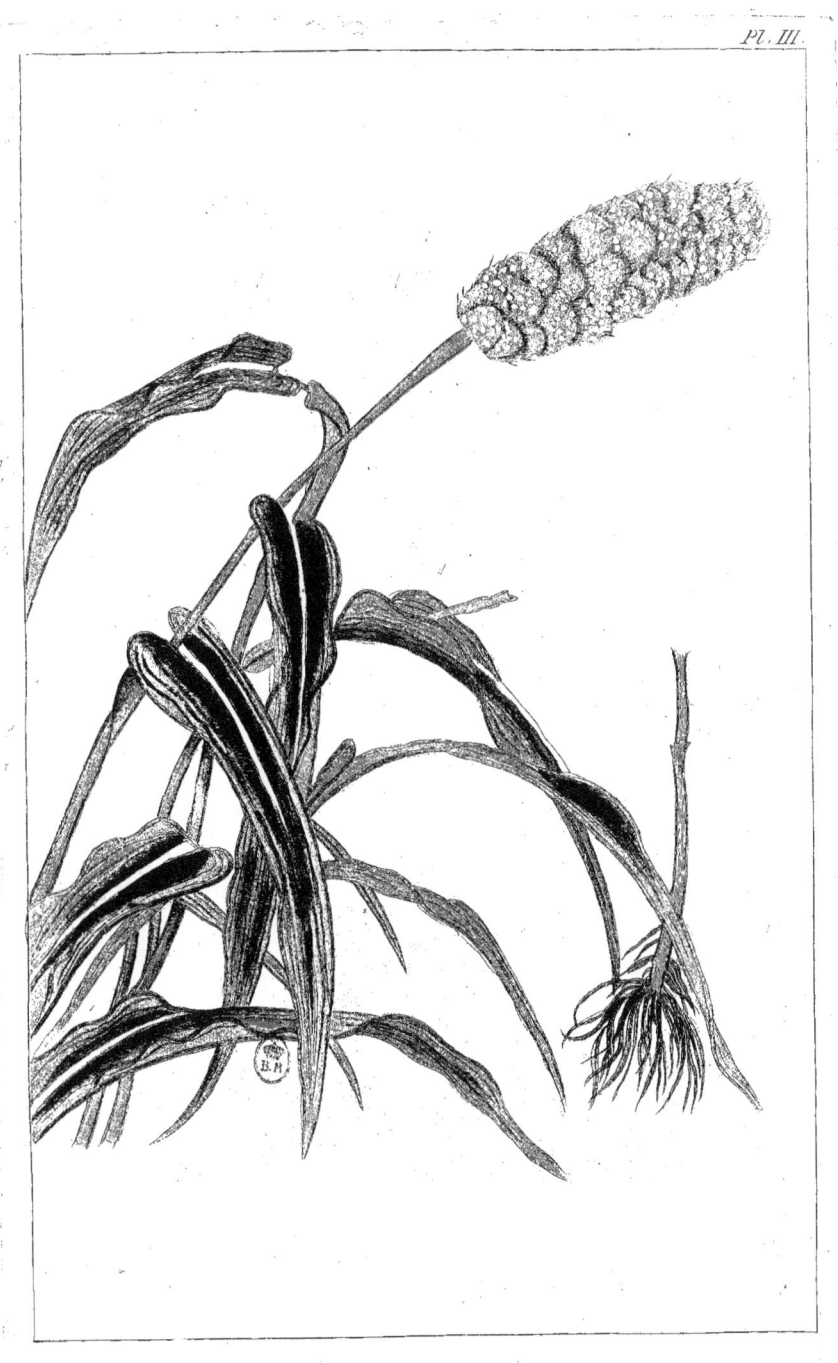

Pl. III.

Pl. IV.

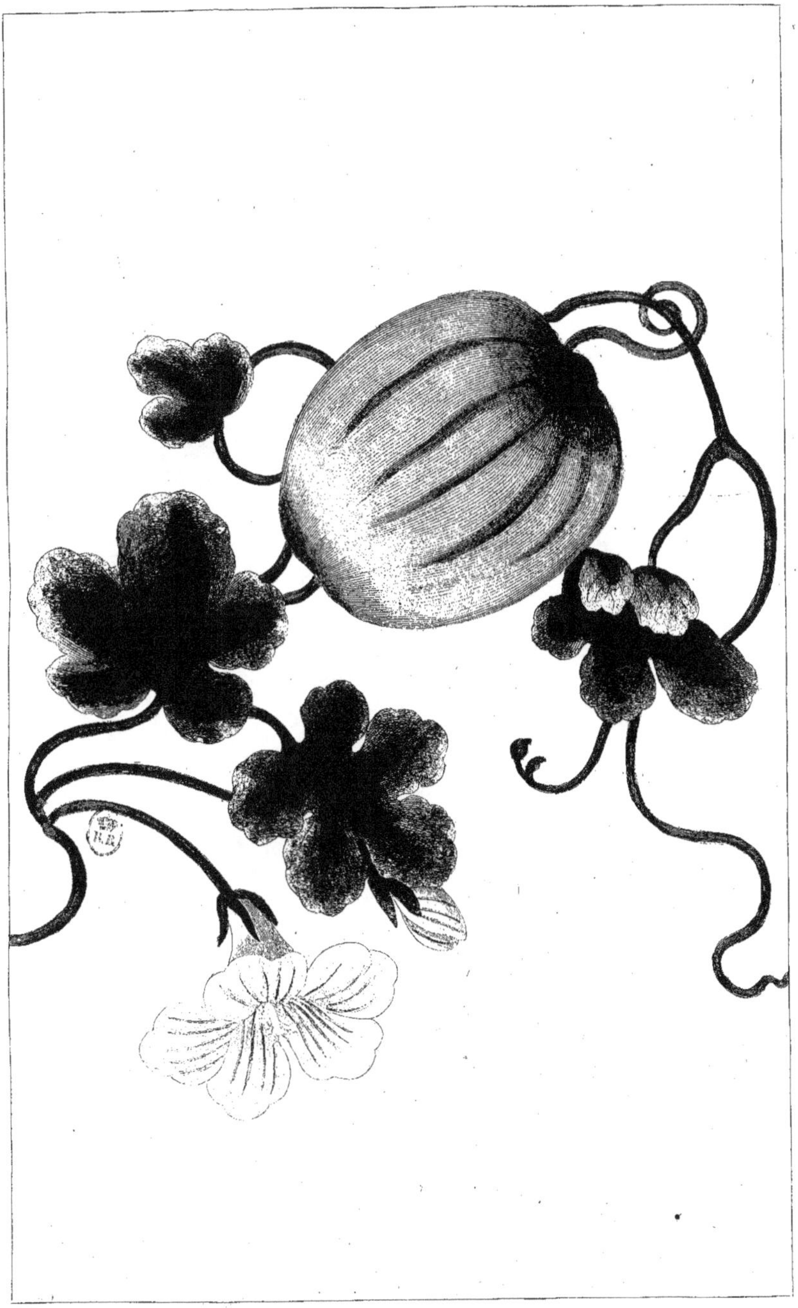

Pl. V.

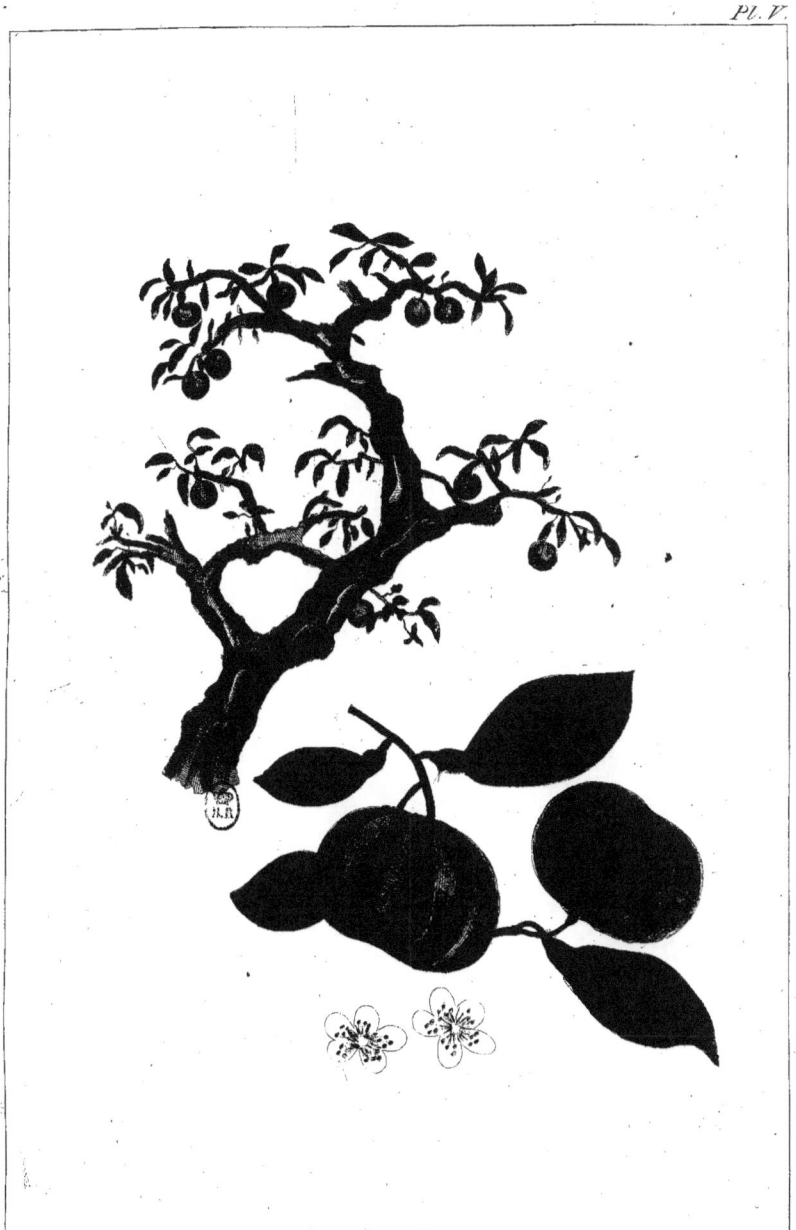

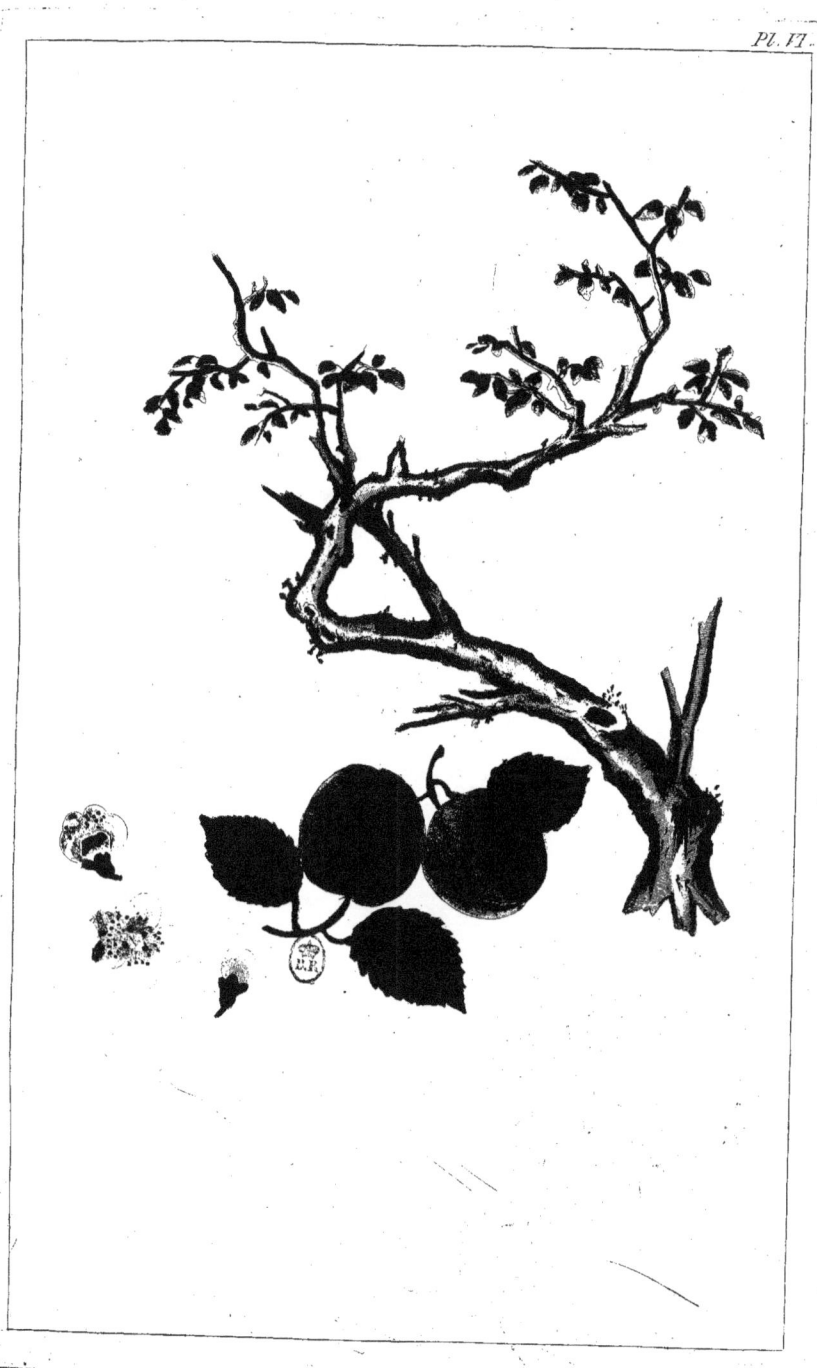

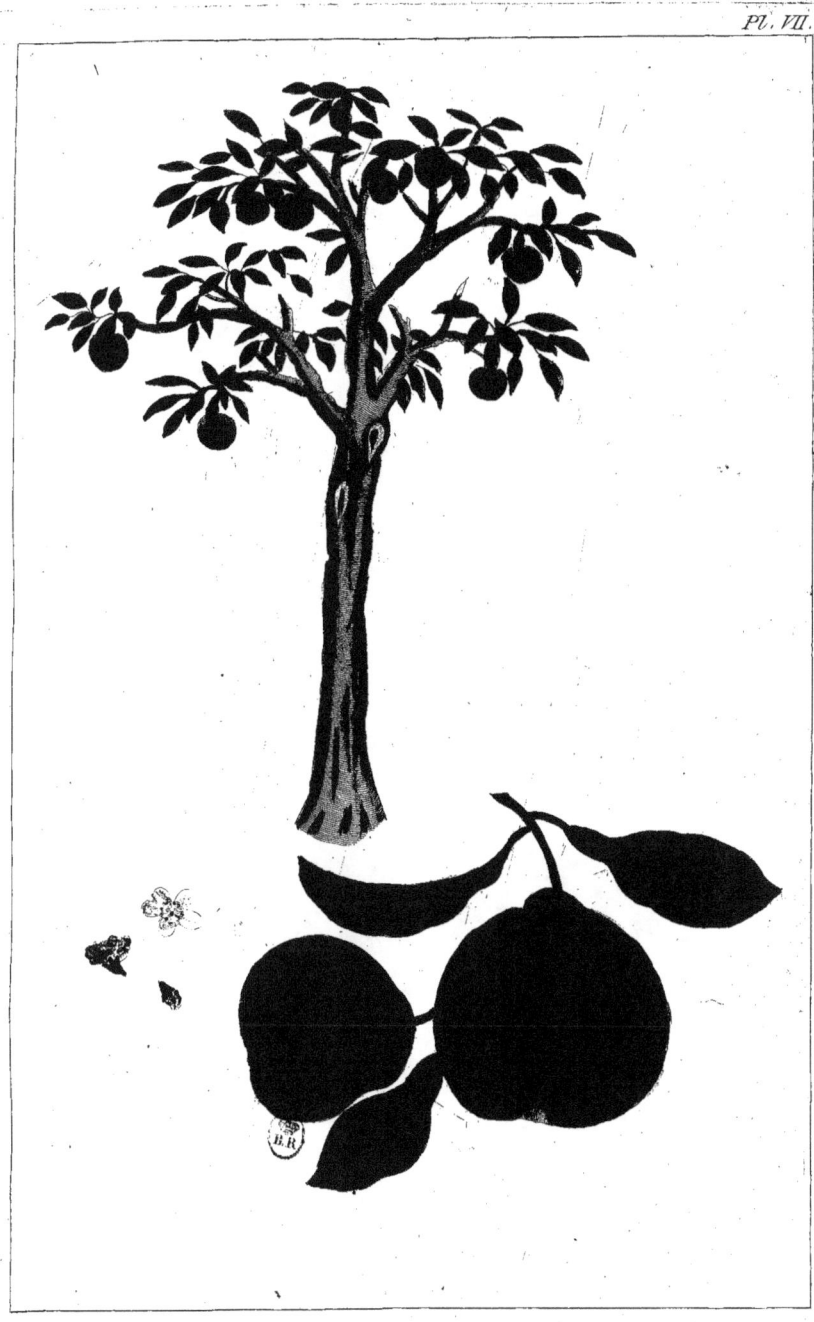

Pl. VII.

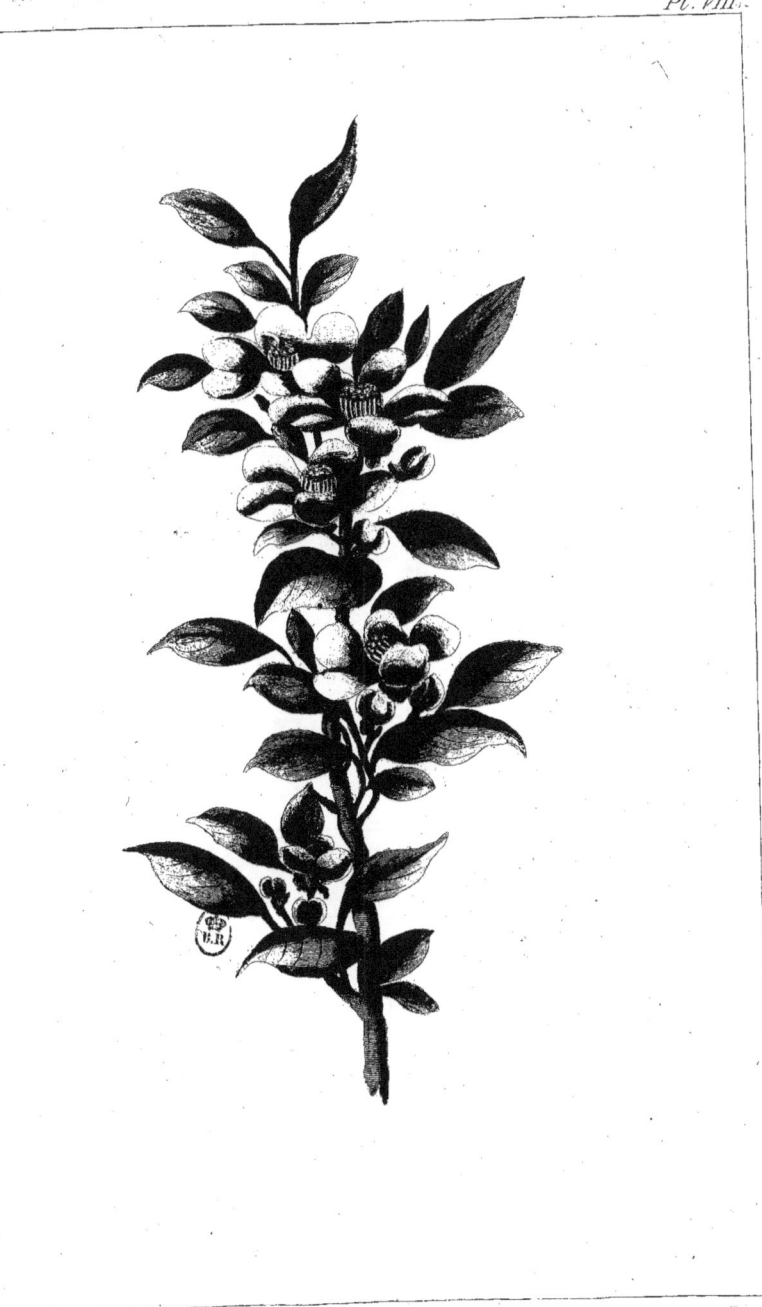

Pl. VIII.

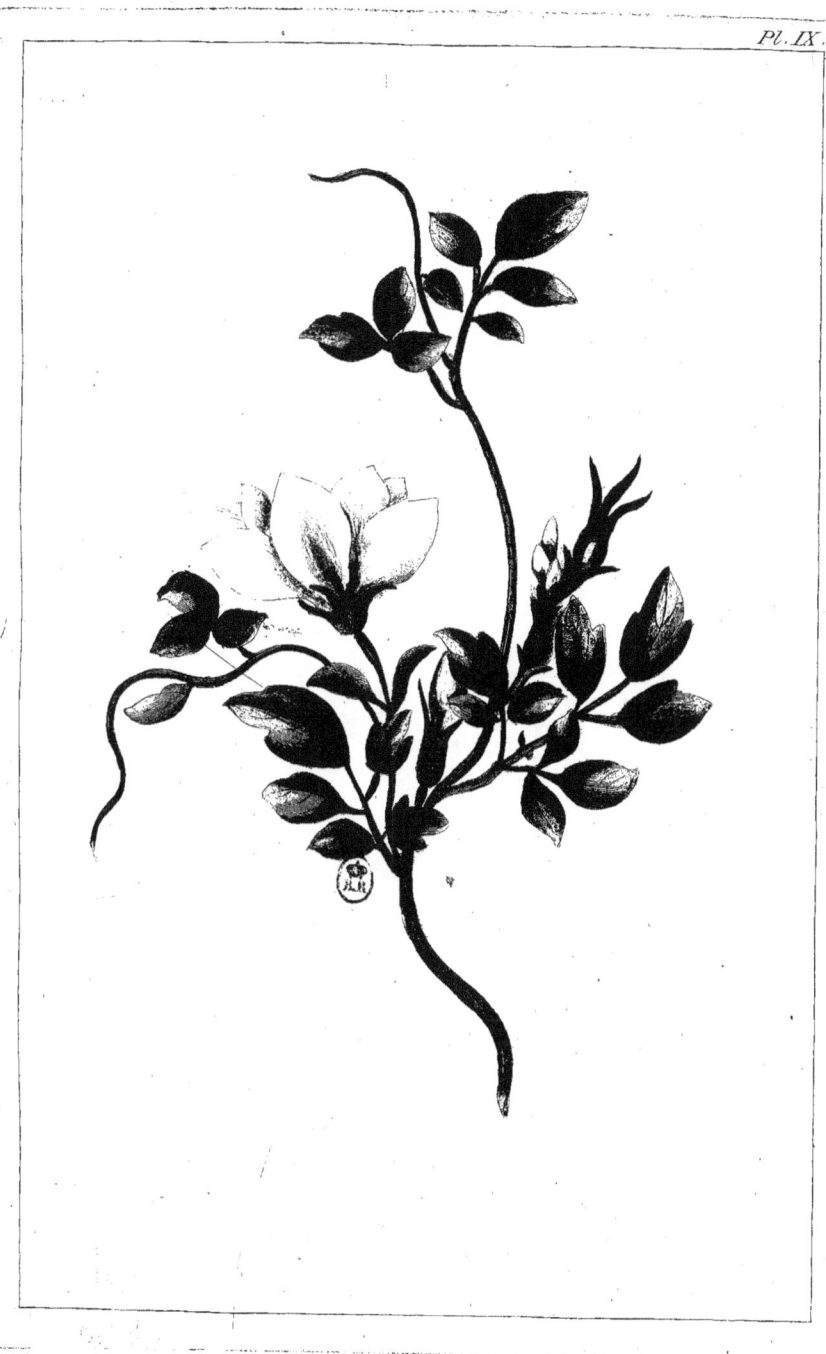

Pl. IX.

Pl. X.

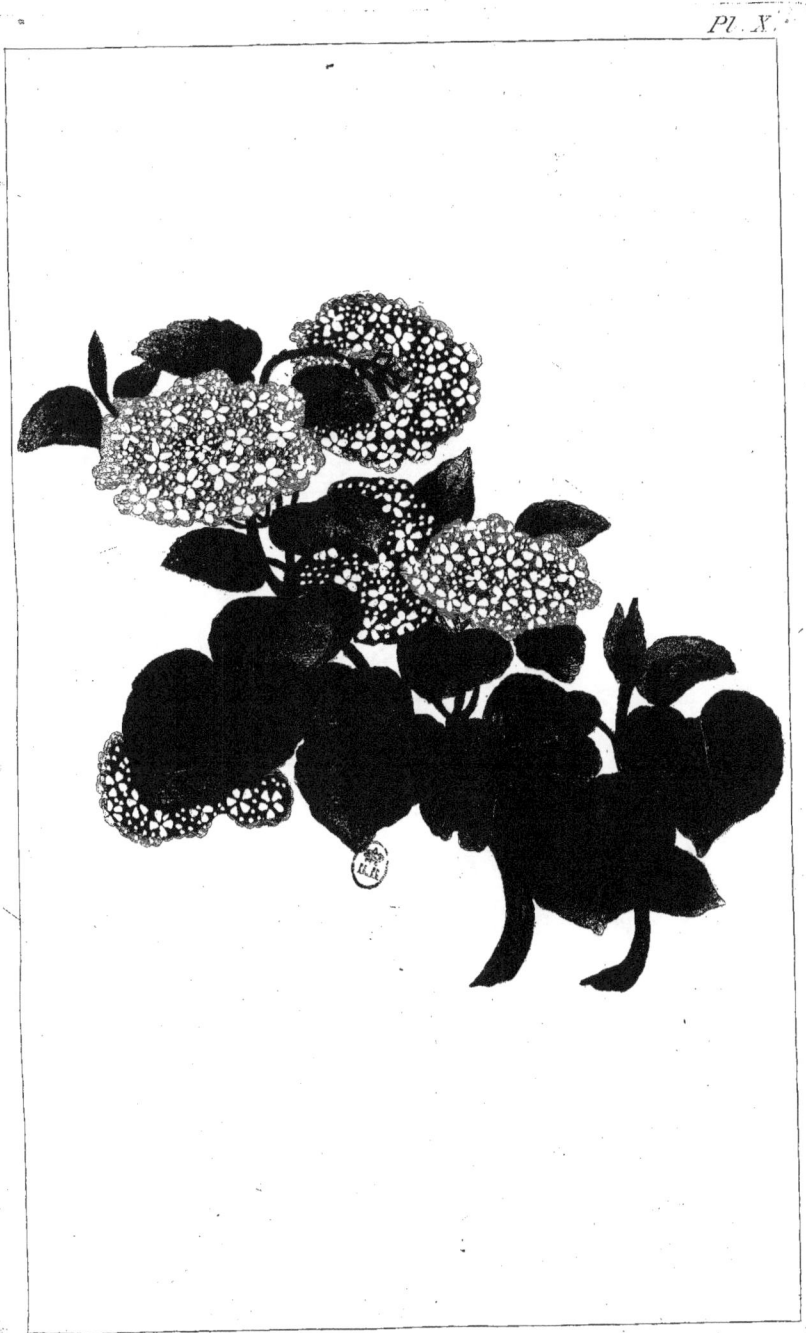

Pl. XI.

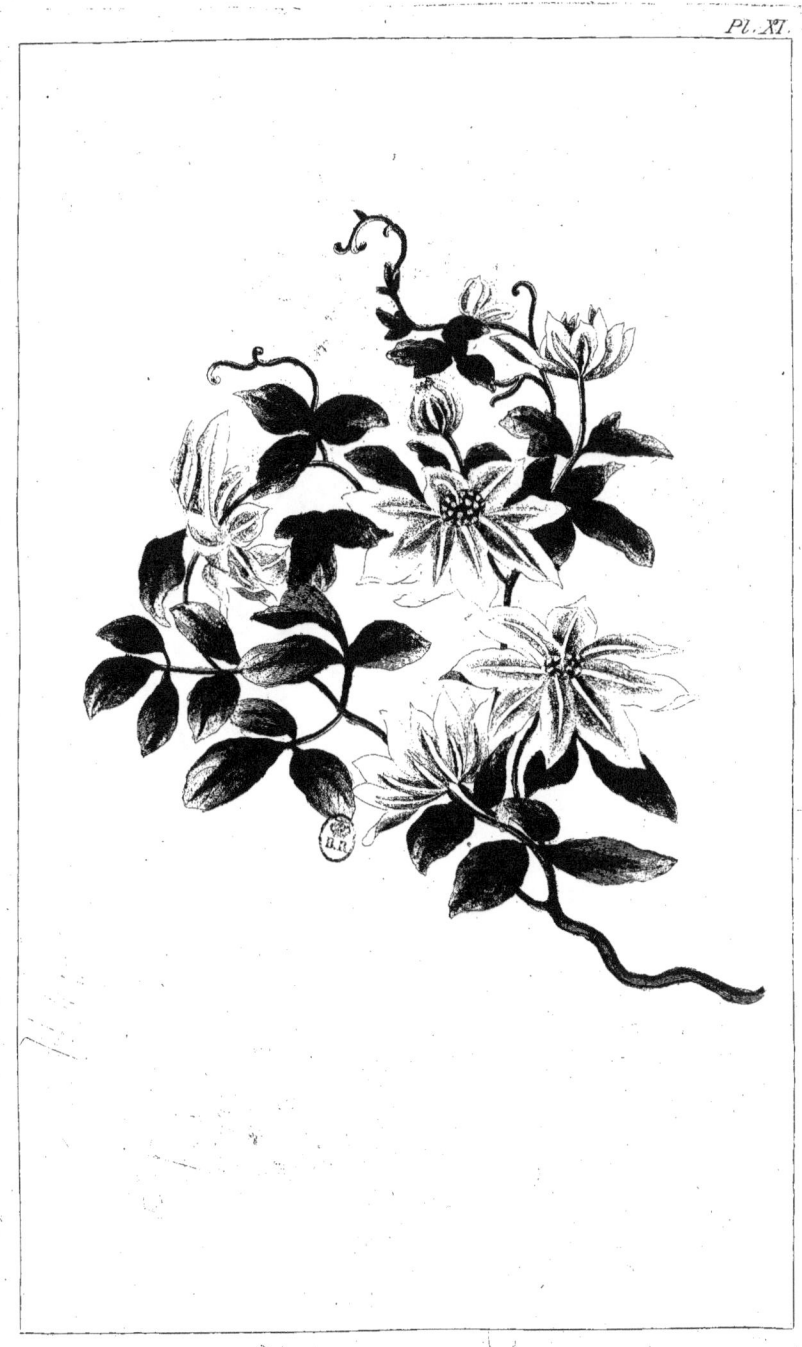

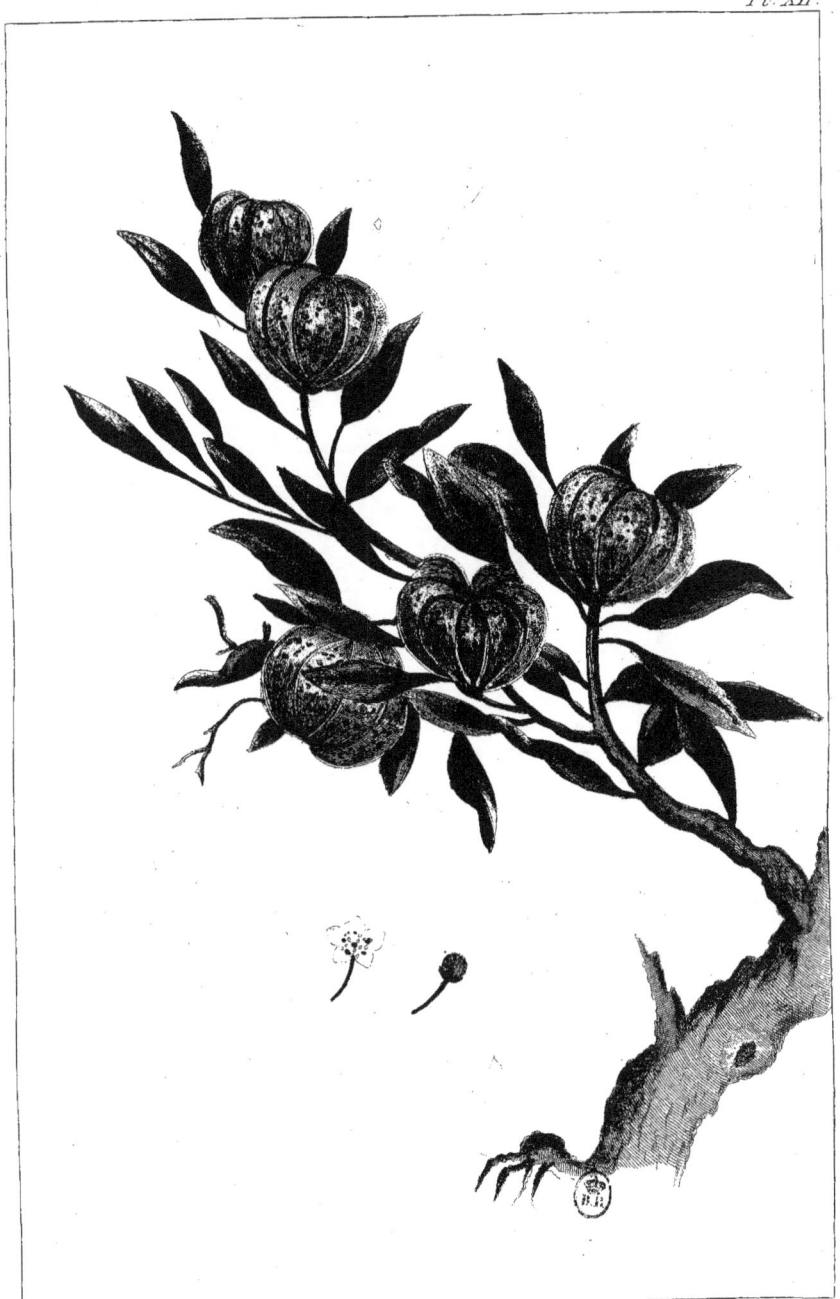

Pl. XII.

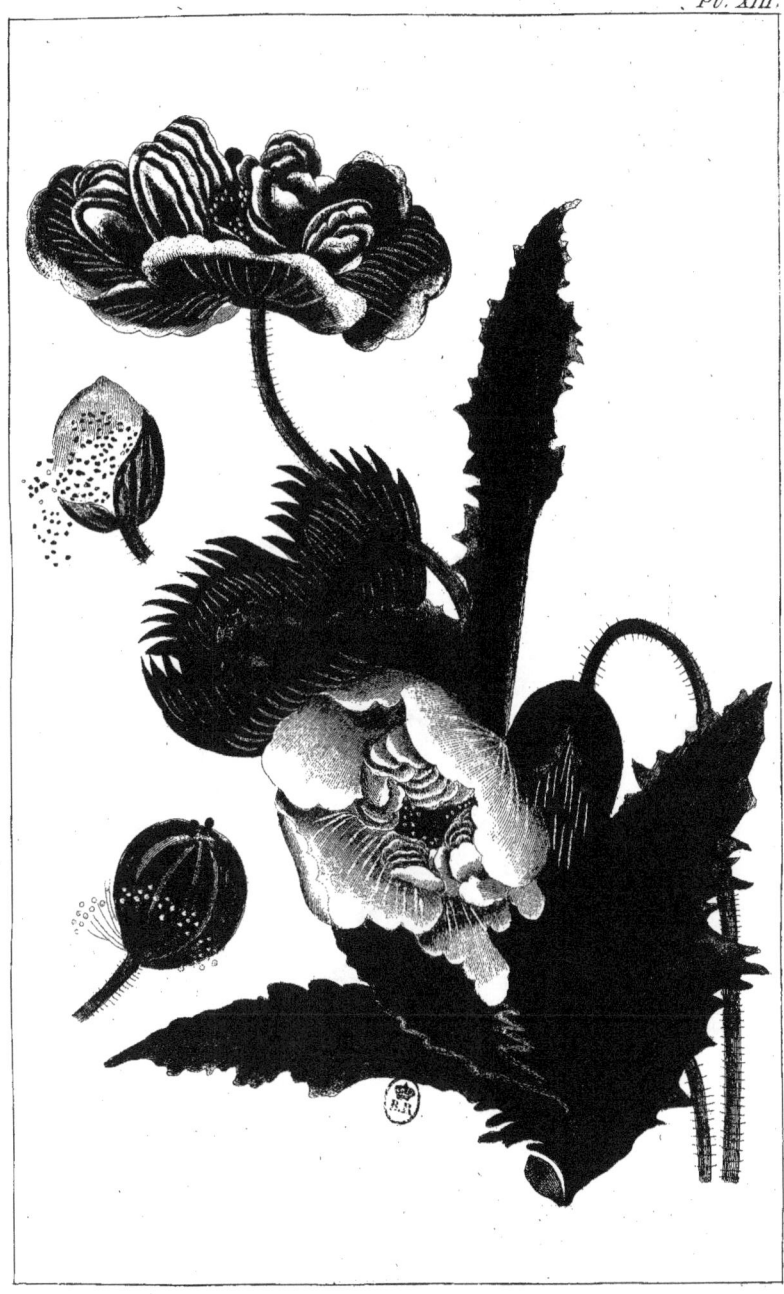

Pl. XIII.

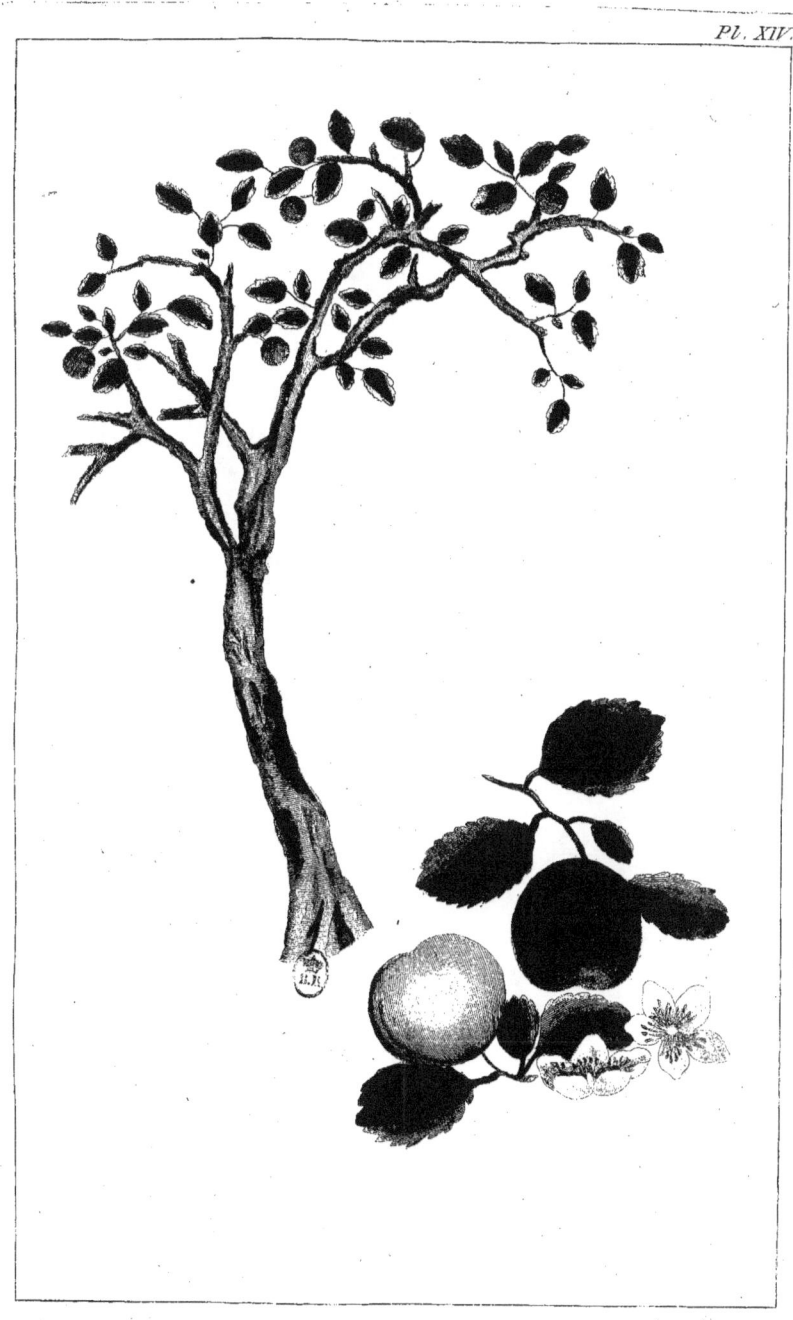

Pl. XIV.

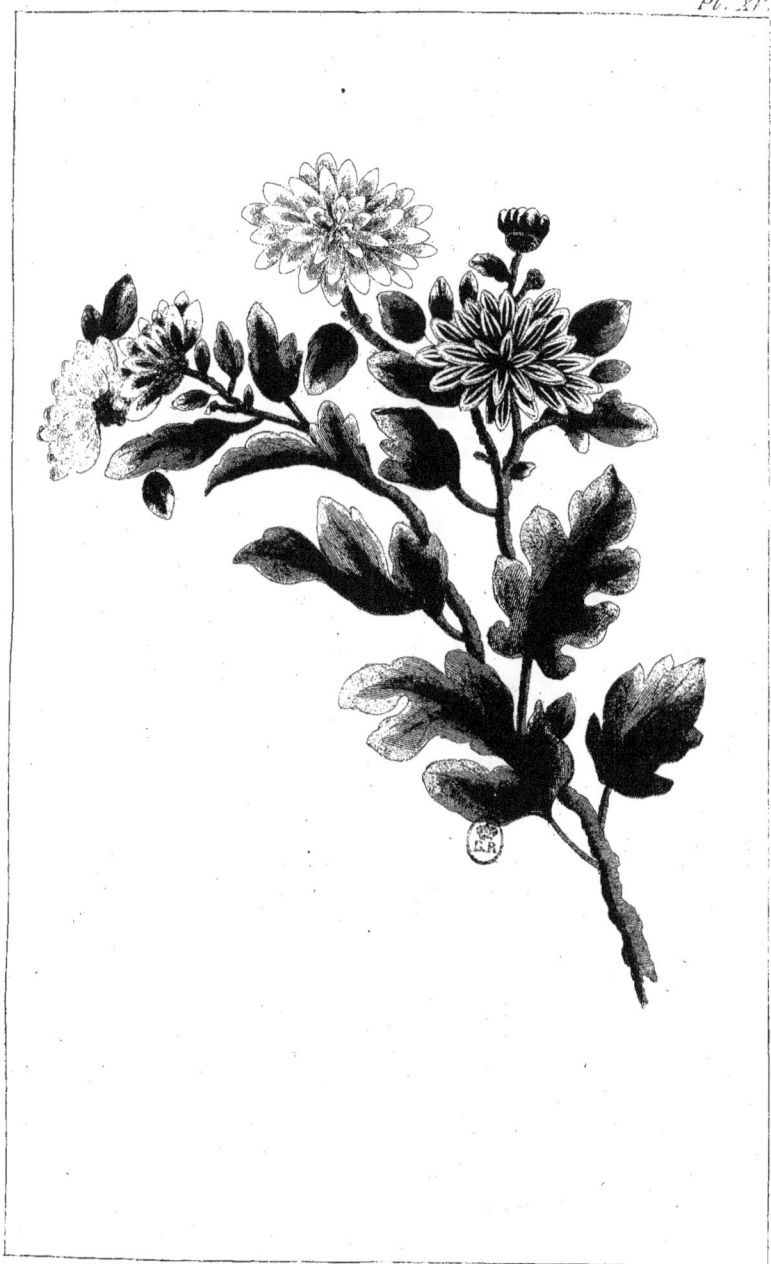

Pl. XV.

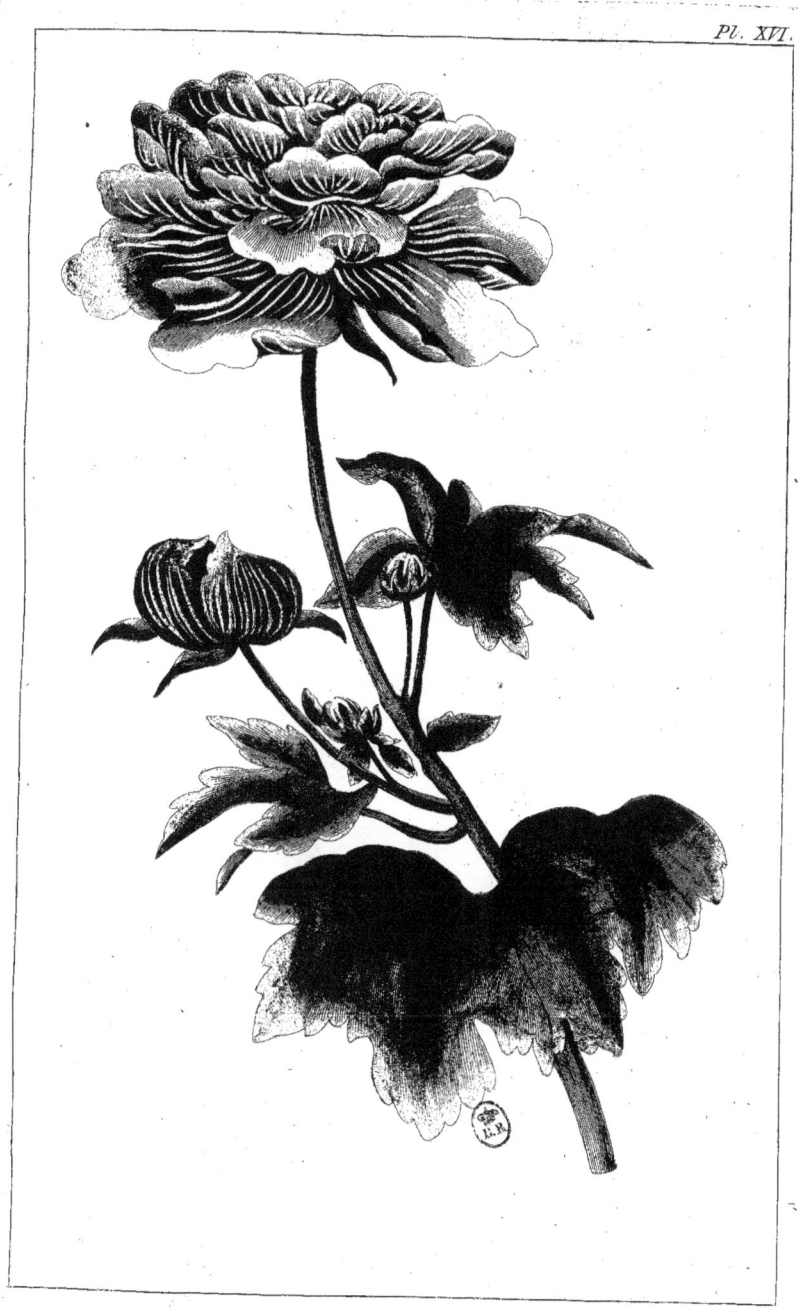

Pl. XVI.

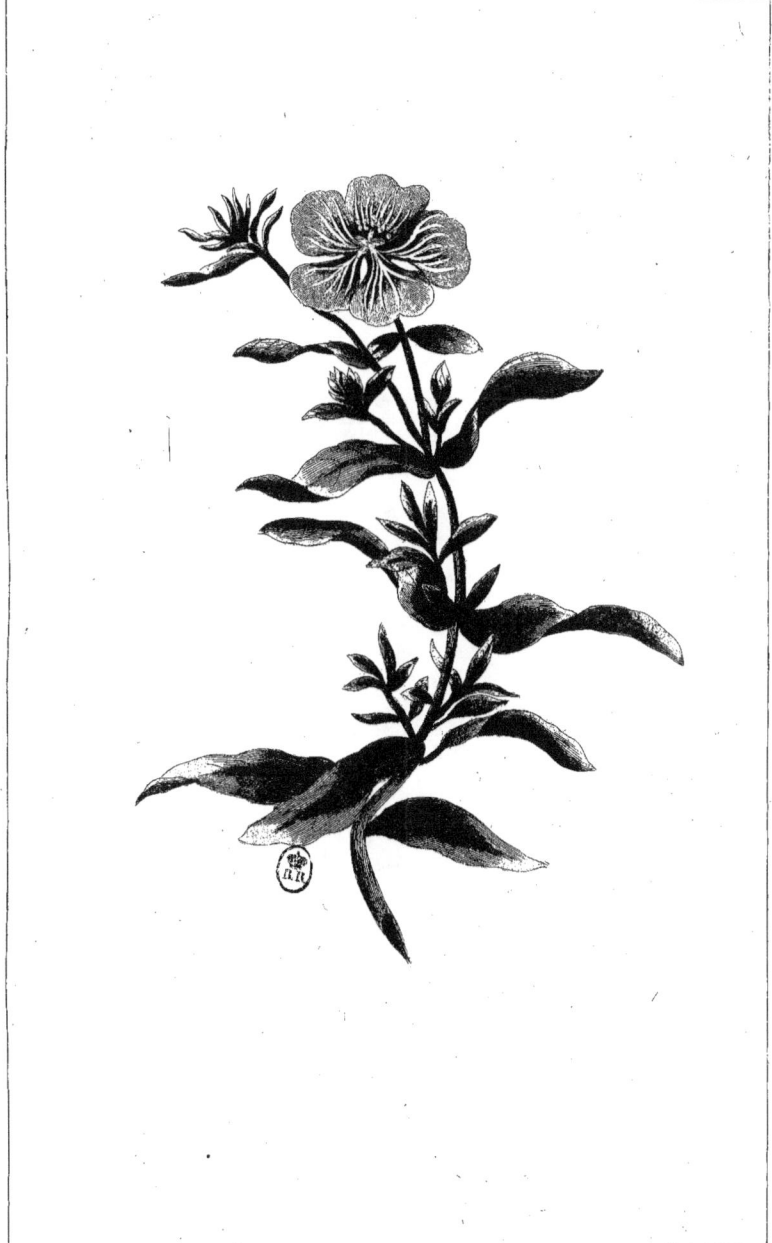

Pl. XVII.

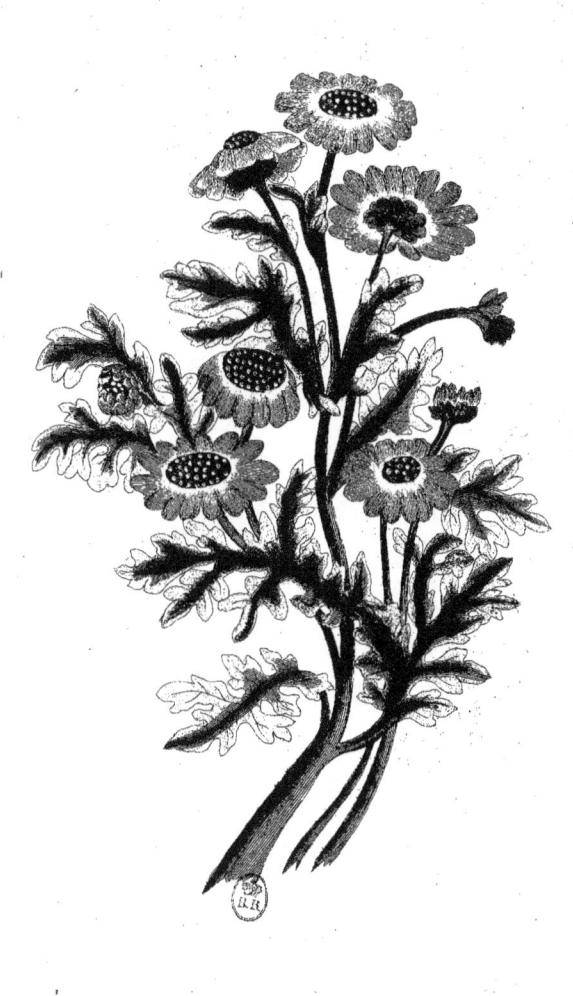

Pl. XVIII.

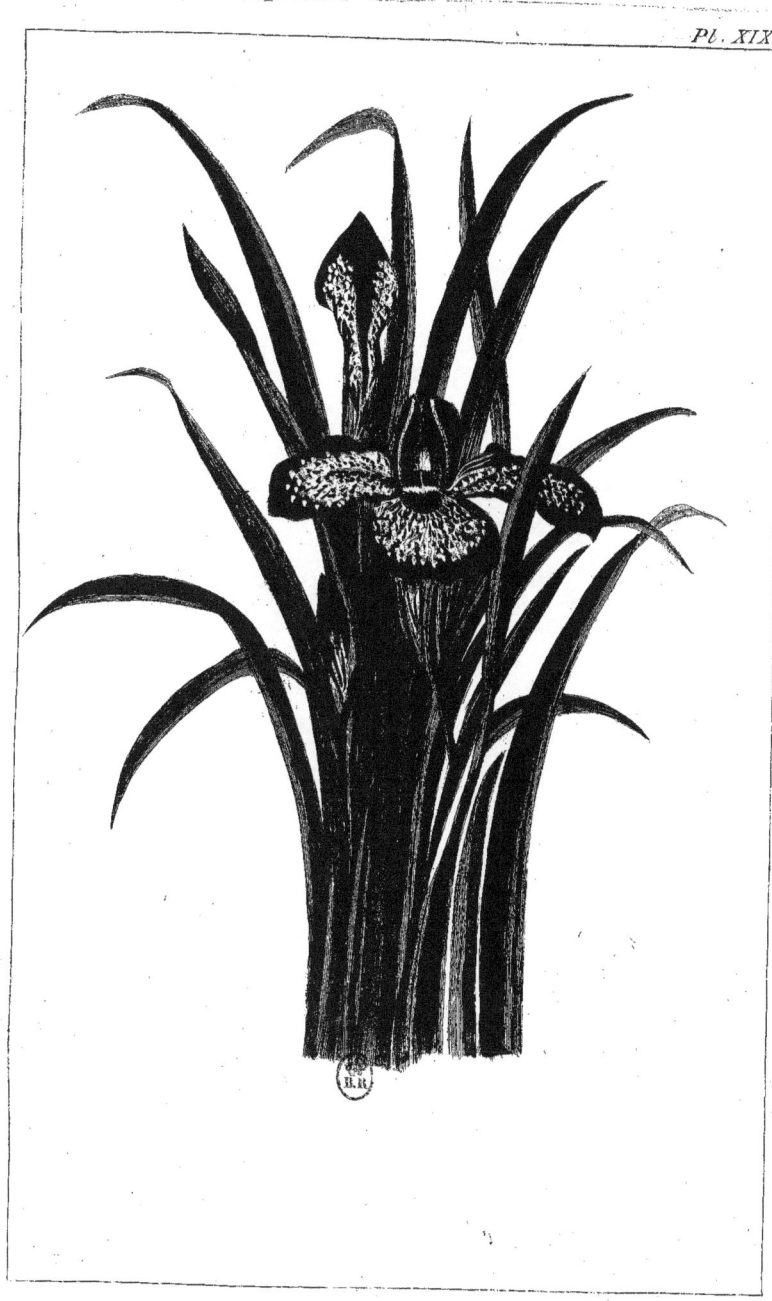

Pl. XX.

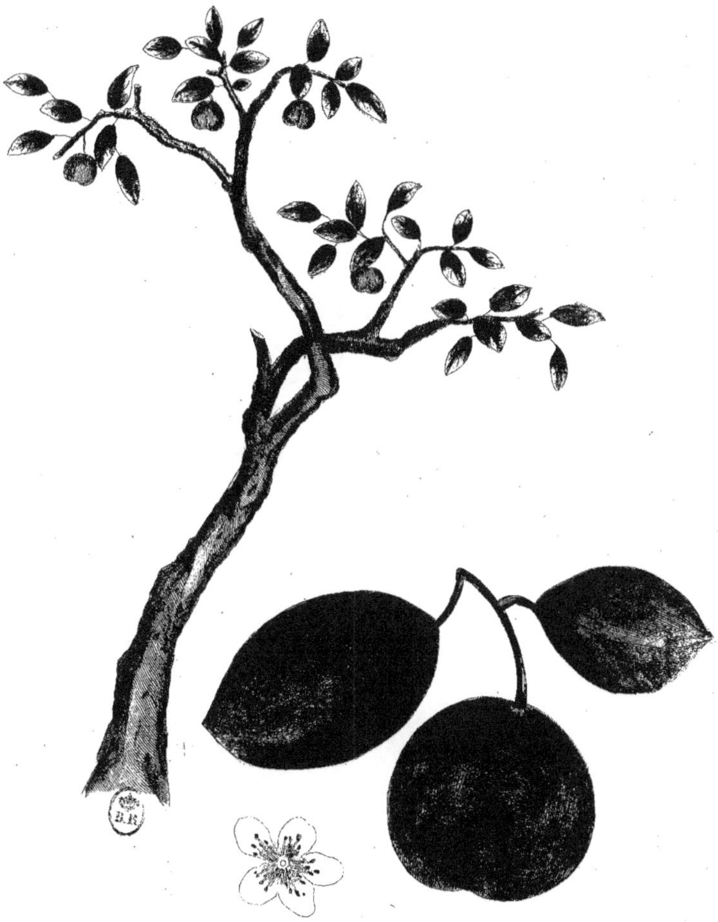

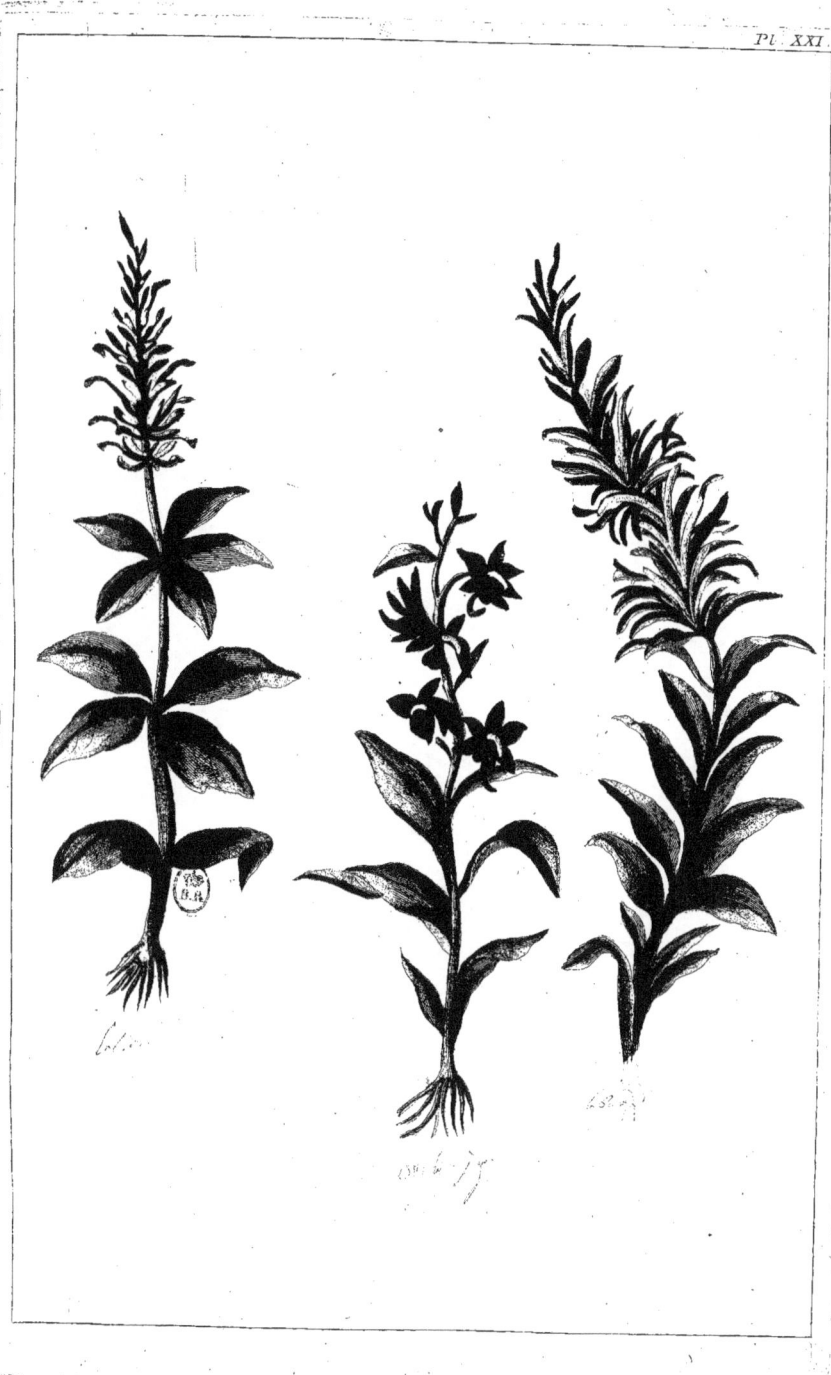

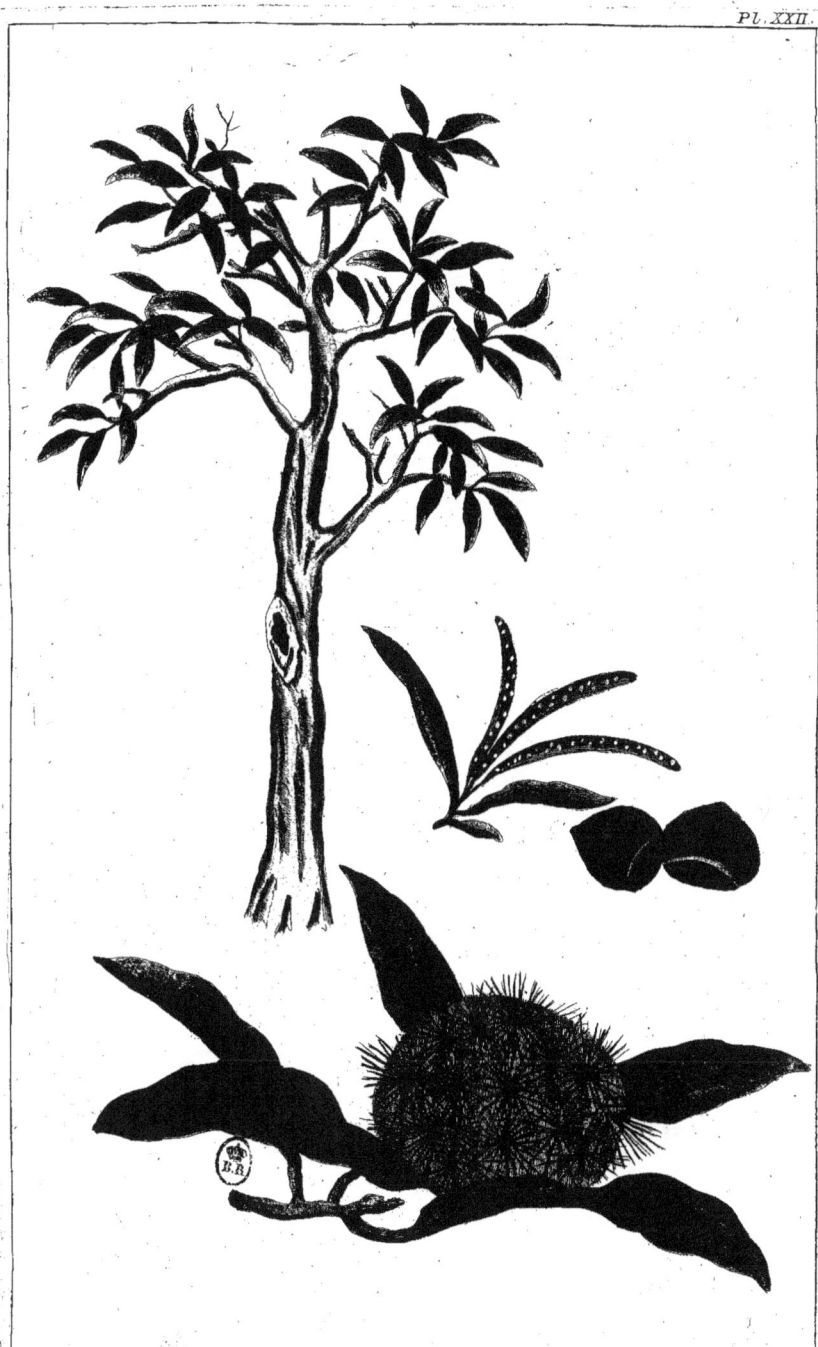

Pl. XXII.

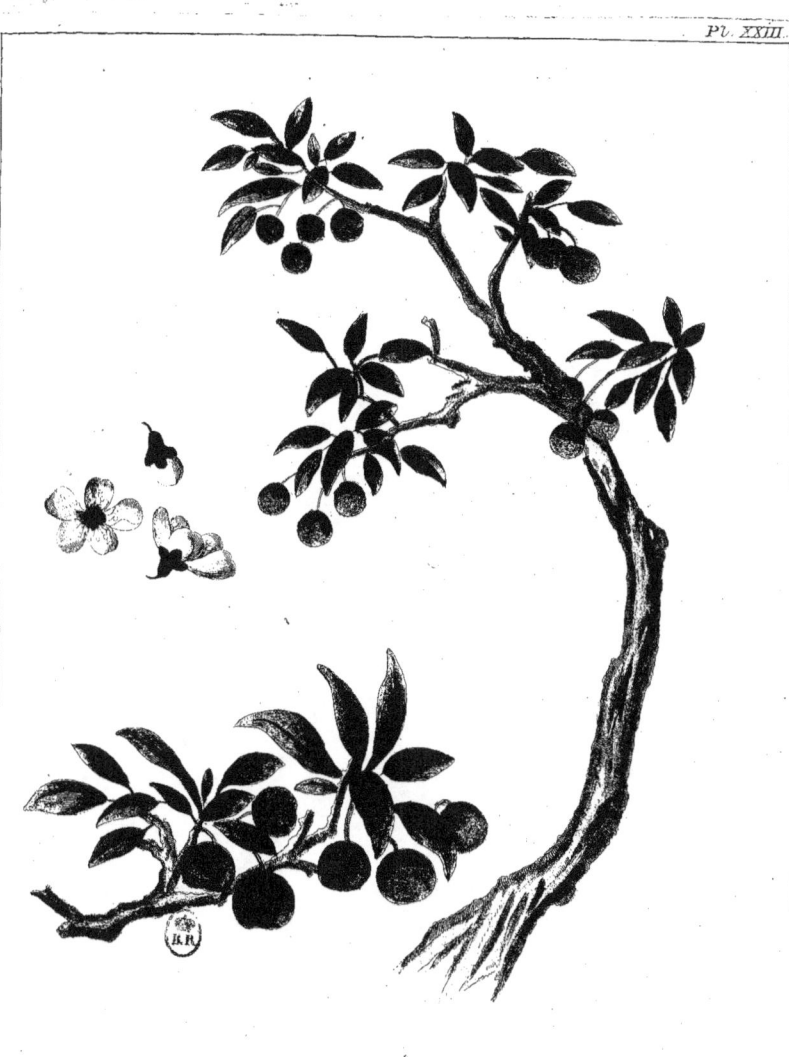

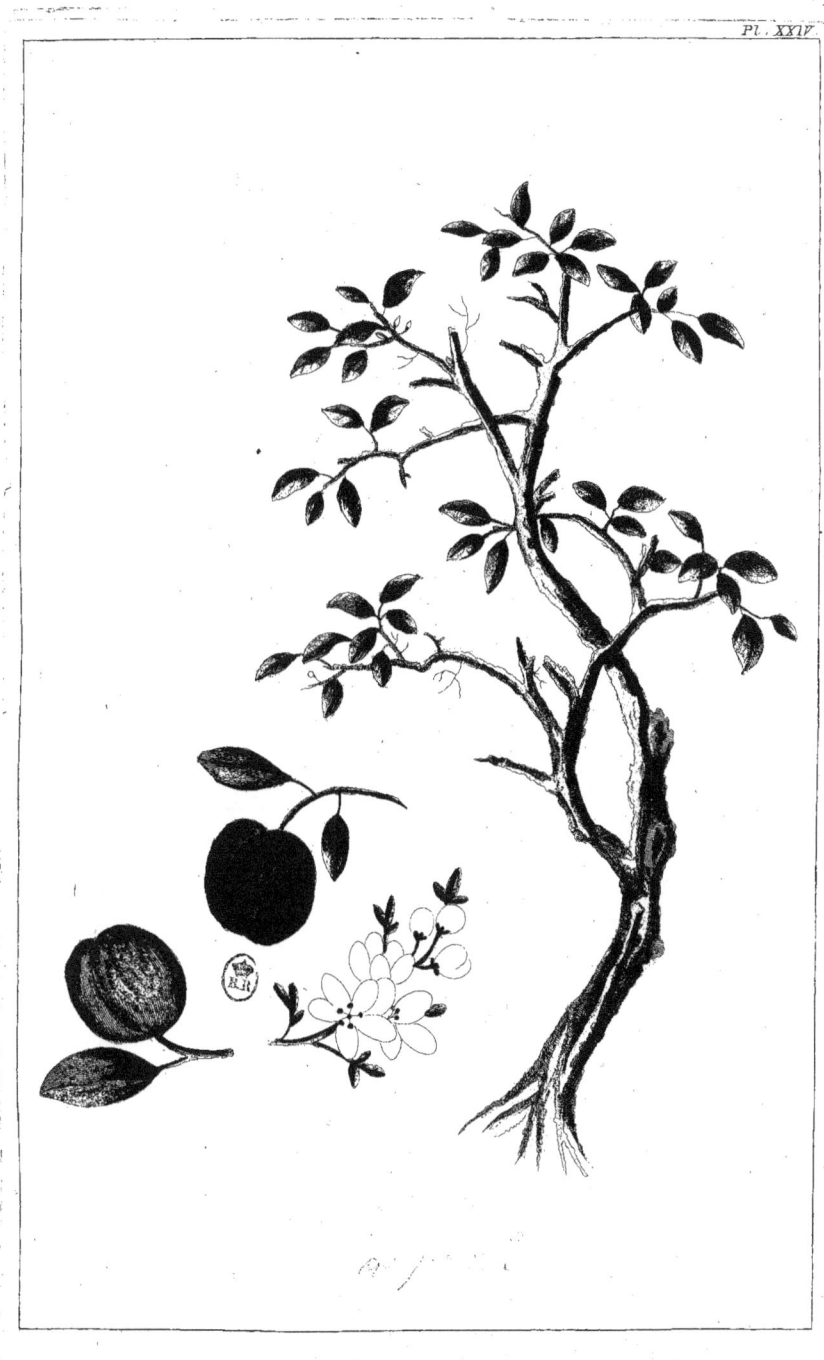

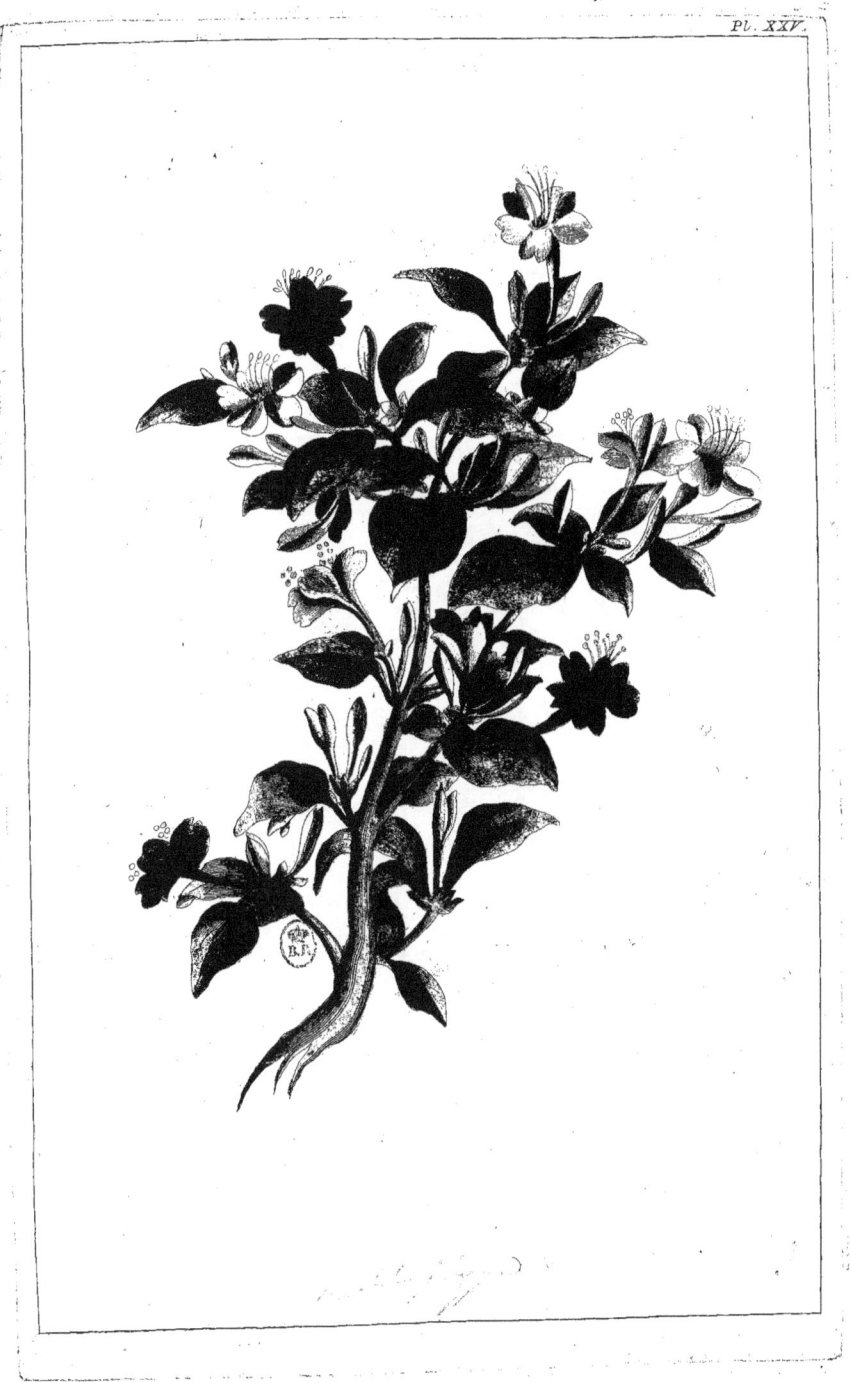

Pl. XXV.

Pl. XXVI.

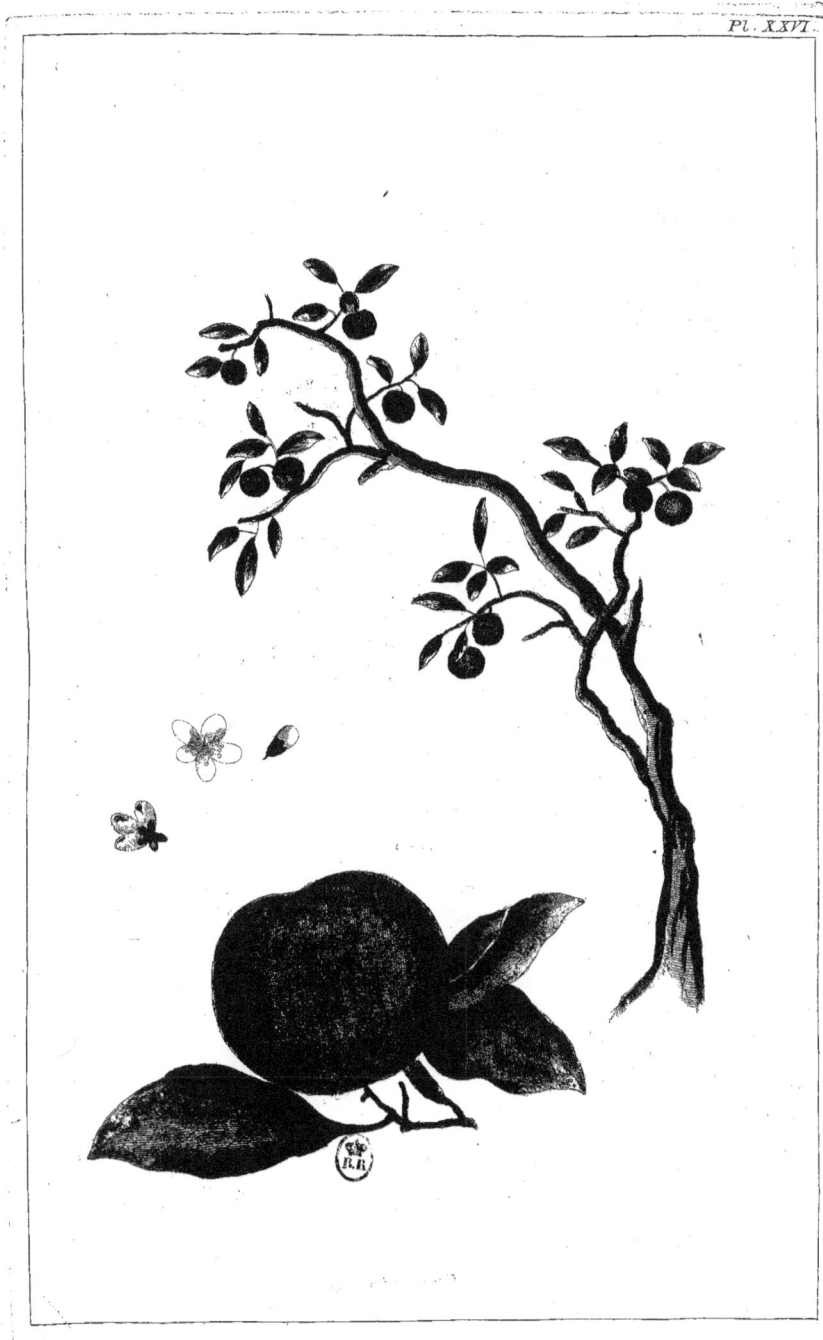

Pl. XXVII.

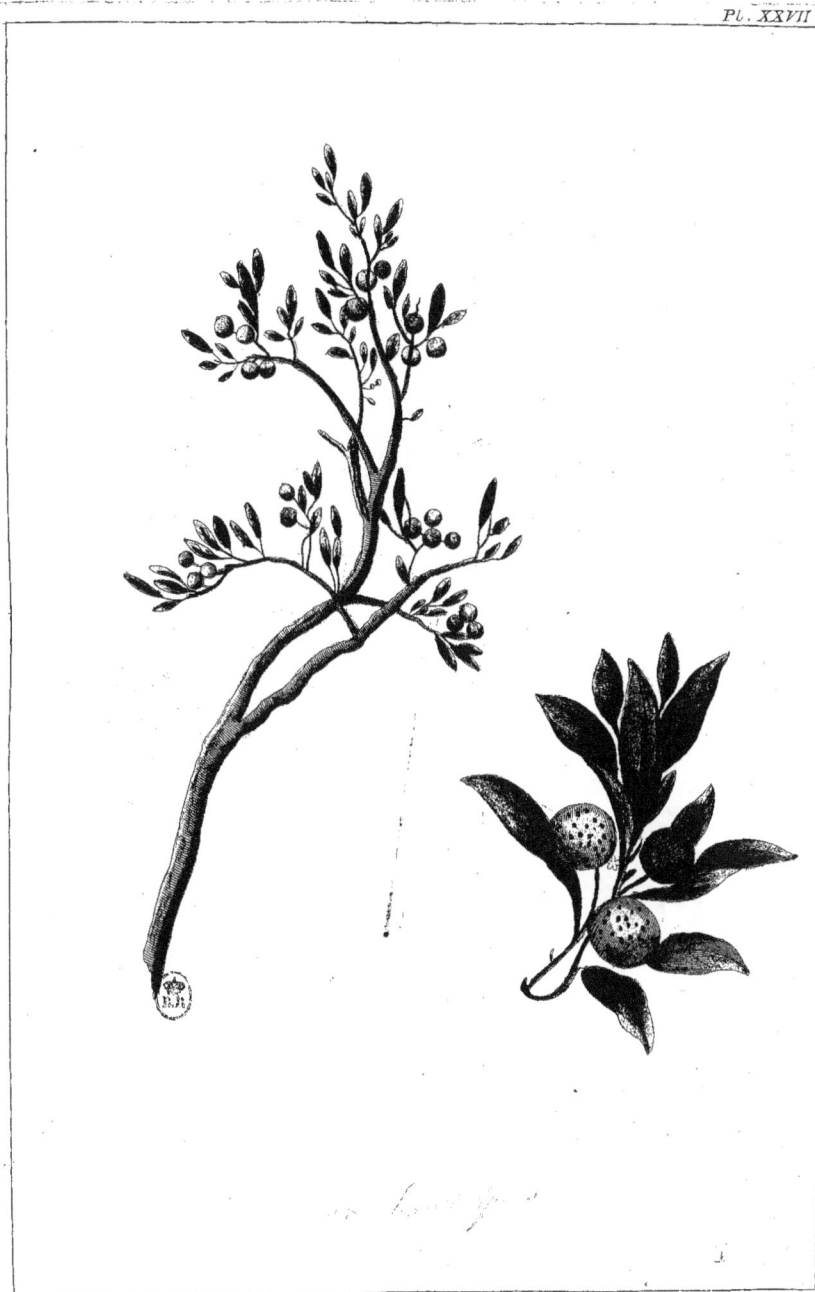

Pl. XXVIII.

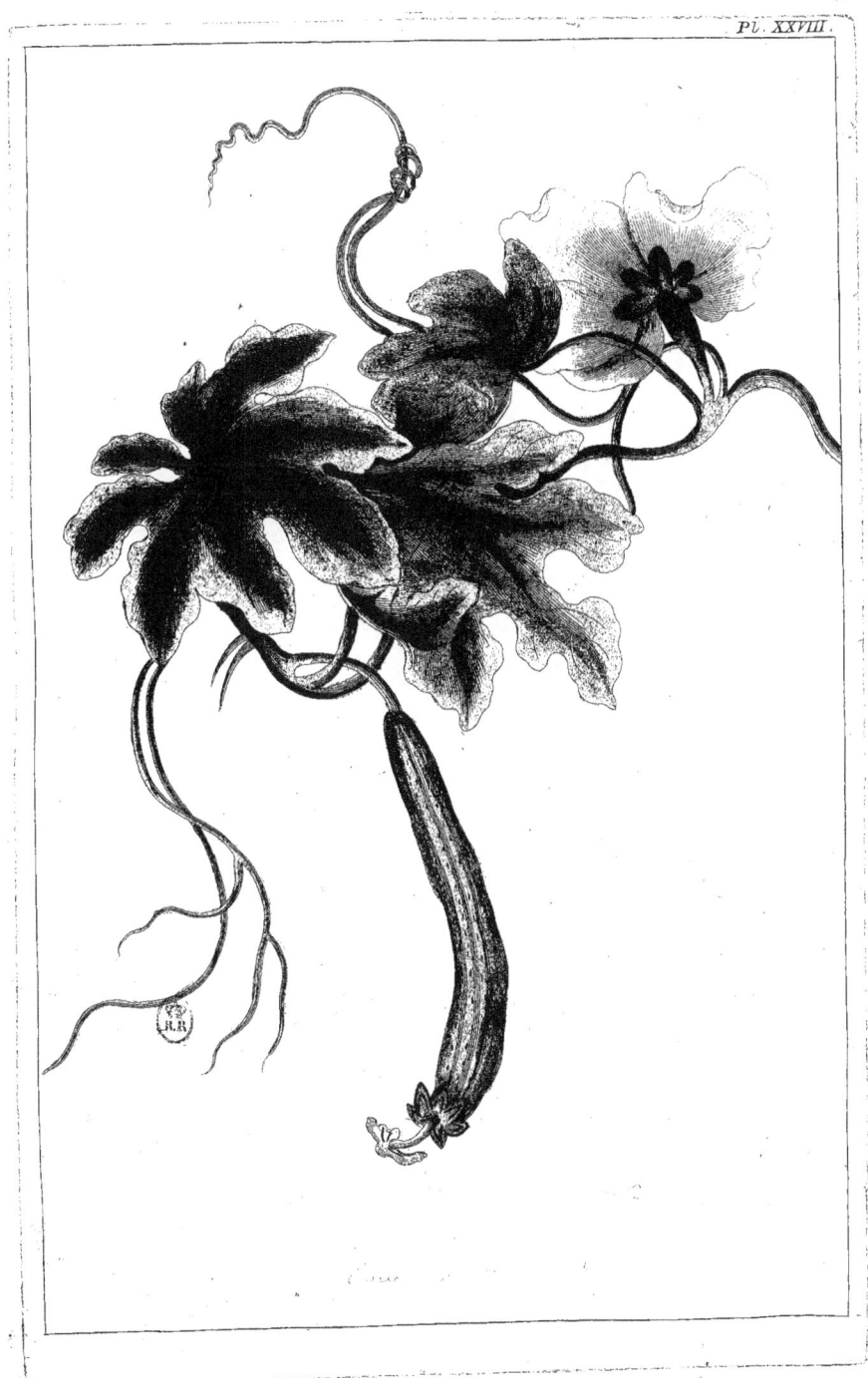

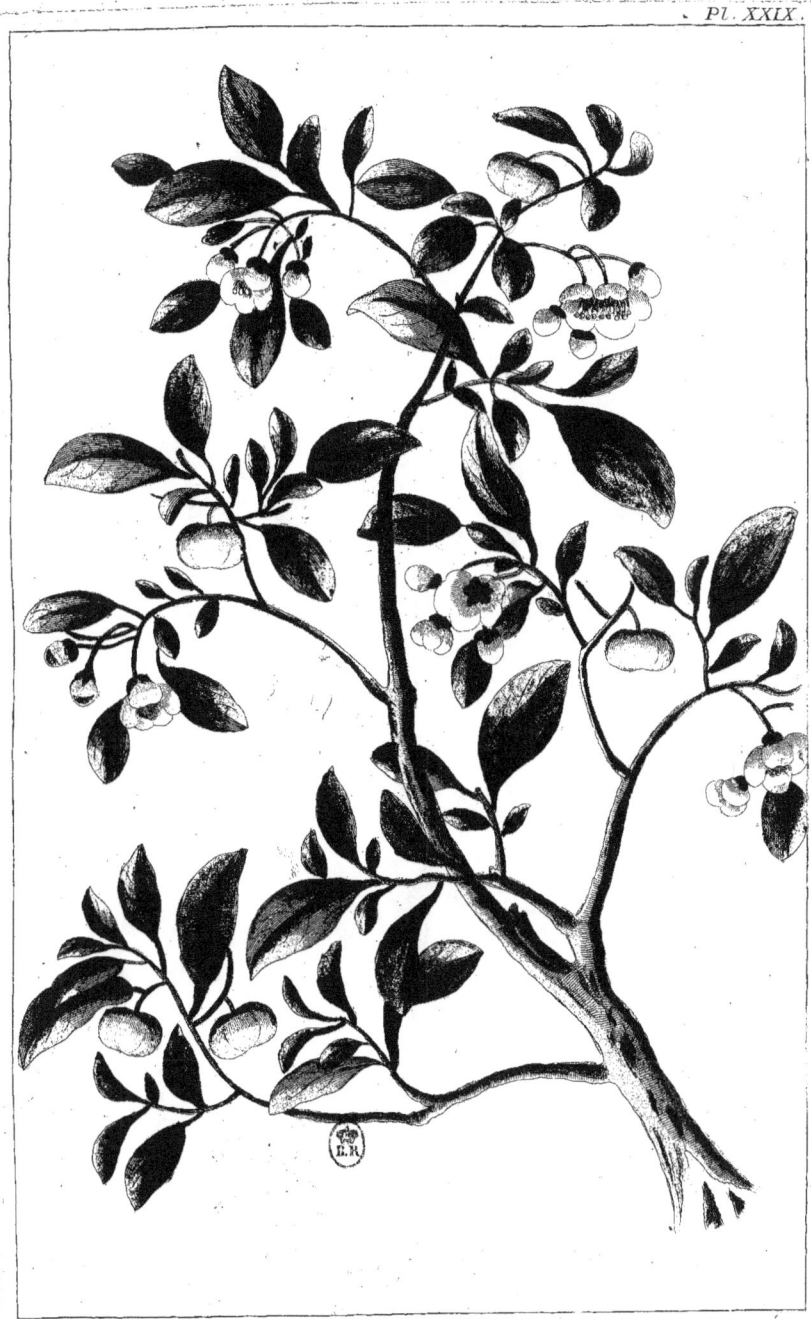

Pl. XXIX.

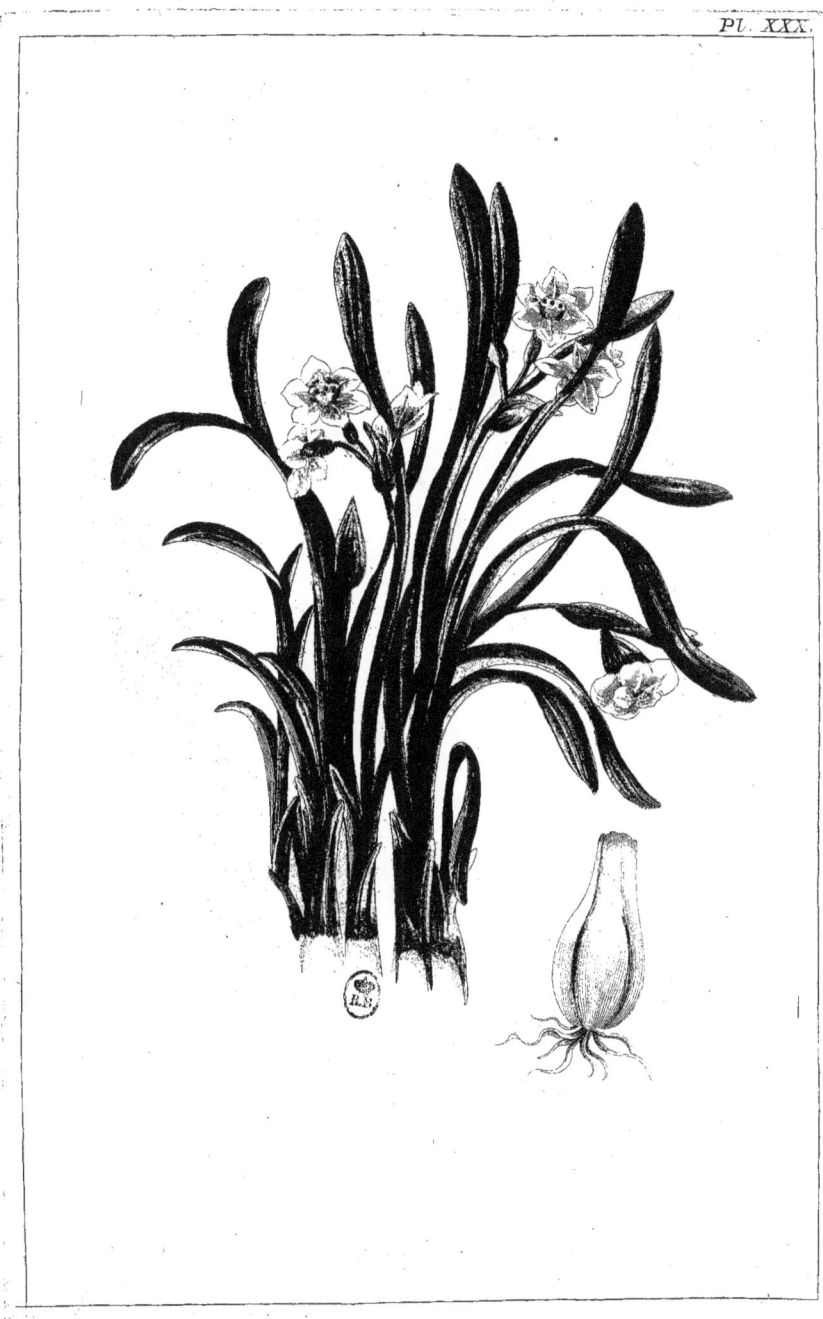

Pl. XXX.

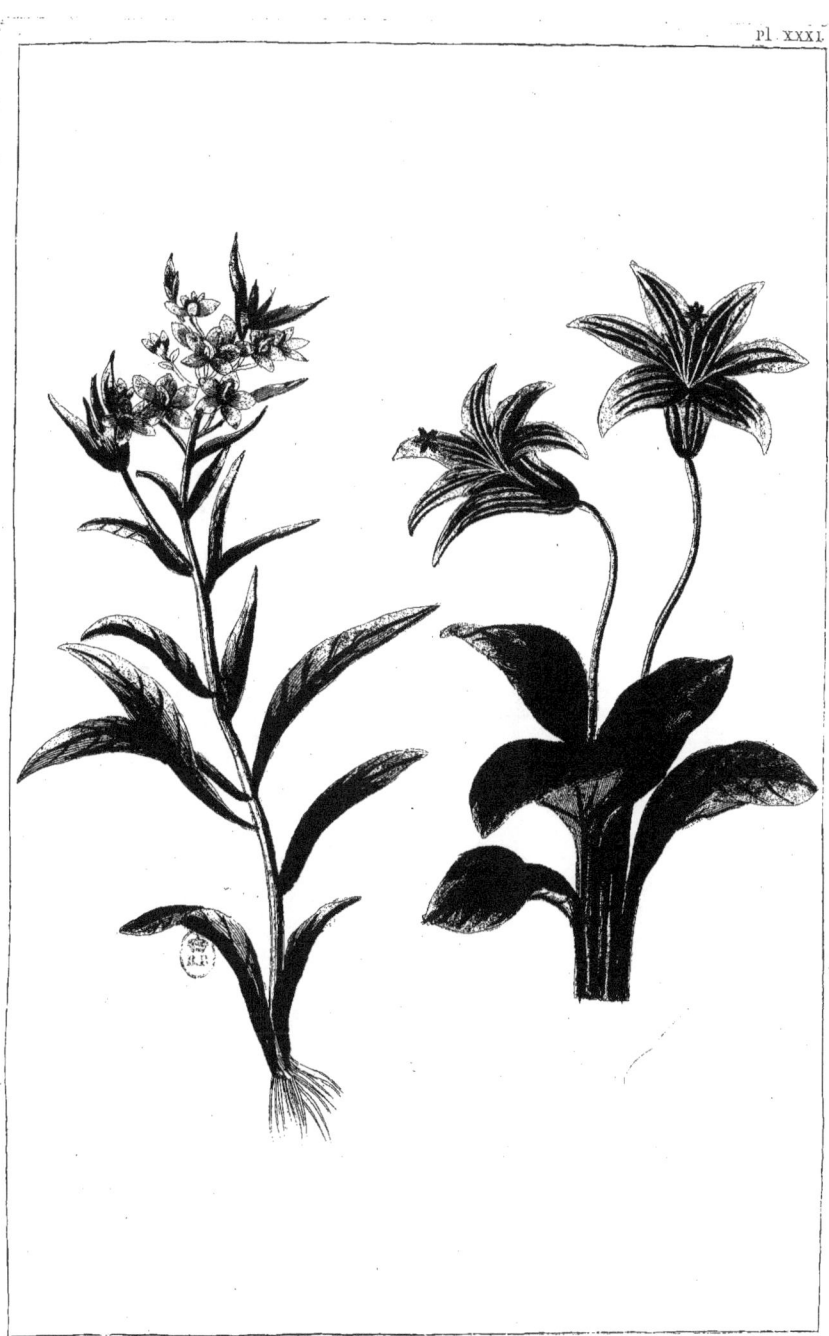

pl. XXXII.

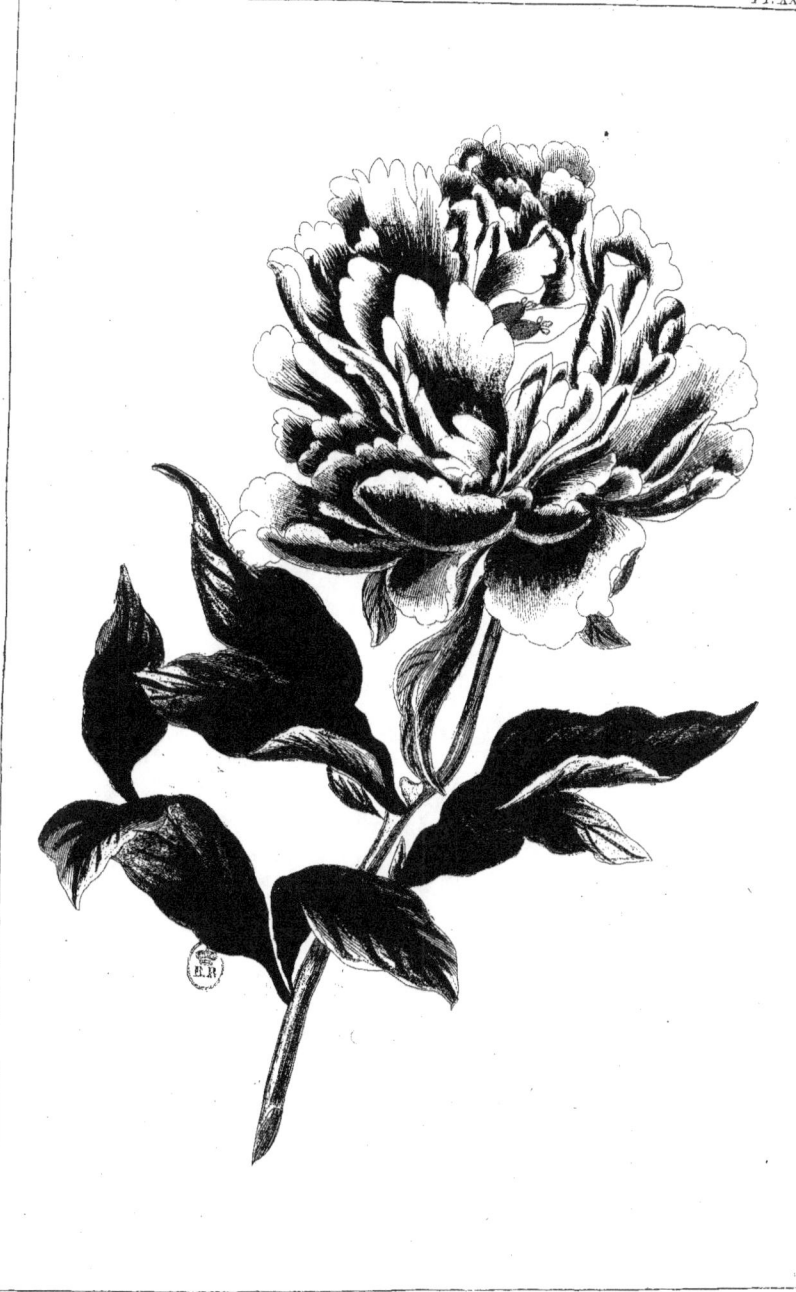

Pl. XXXIII.

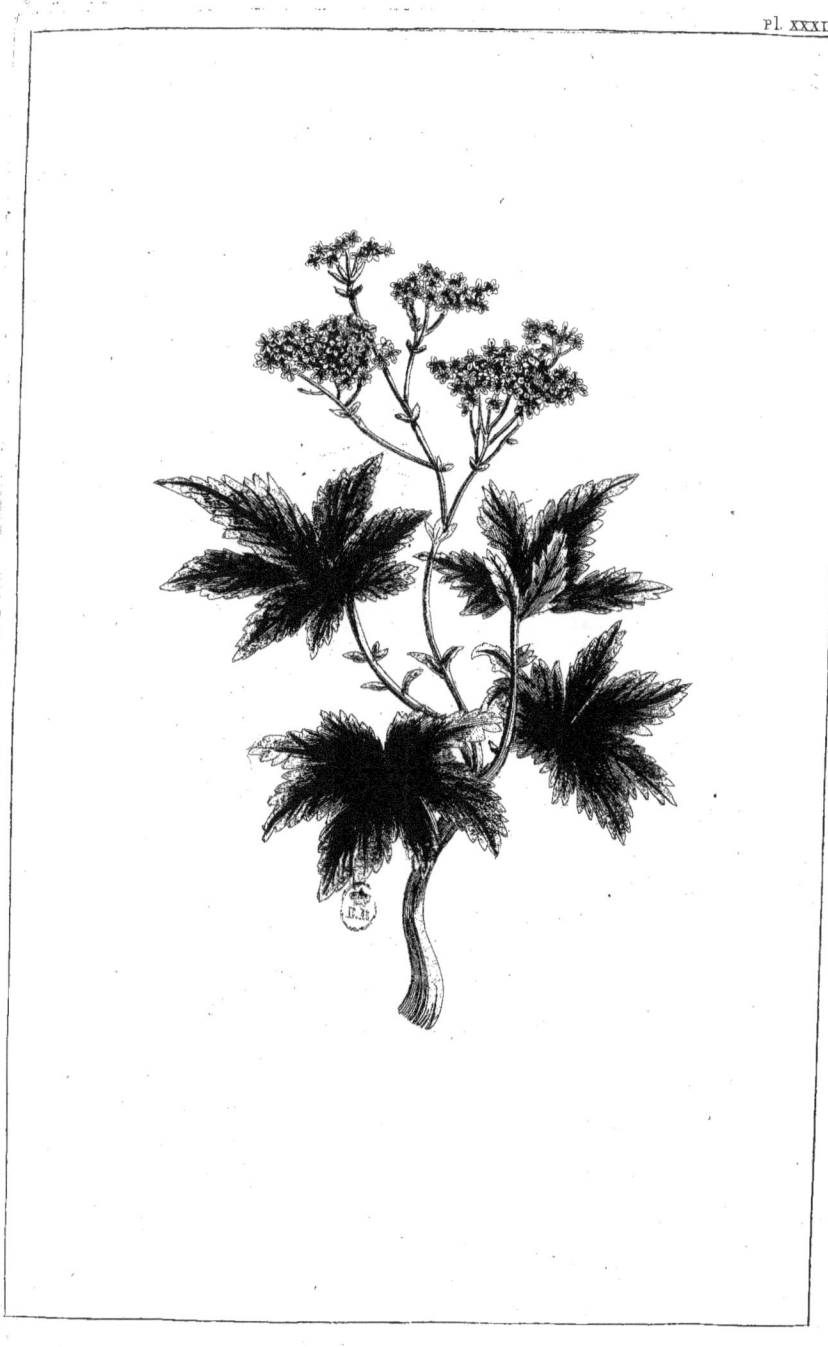

pl. XXXIV.

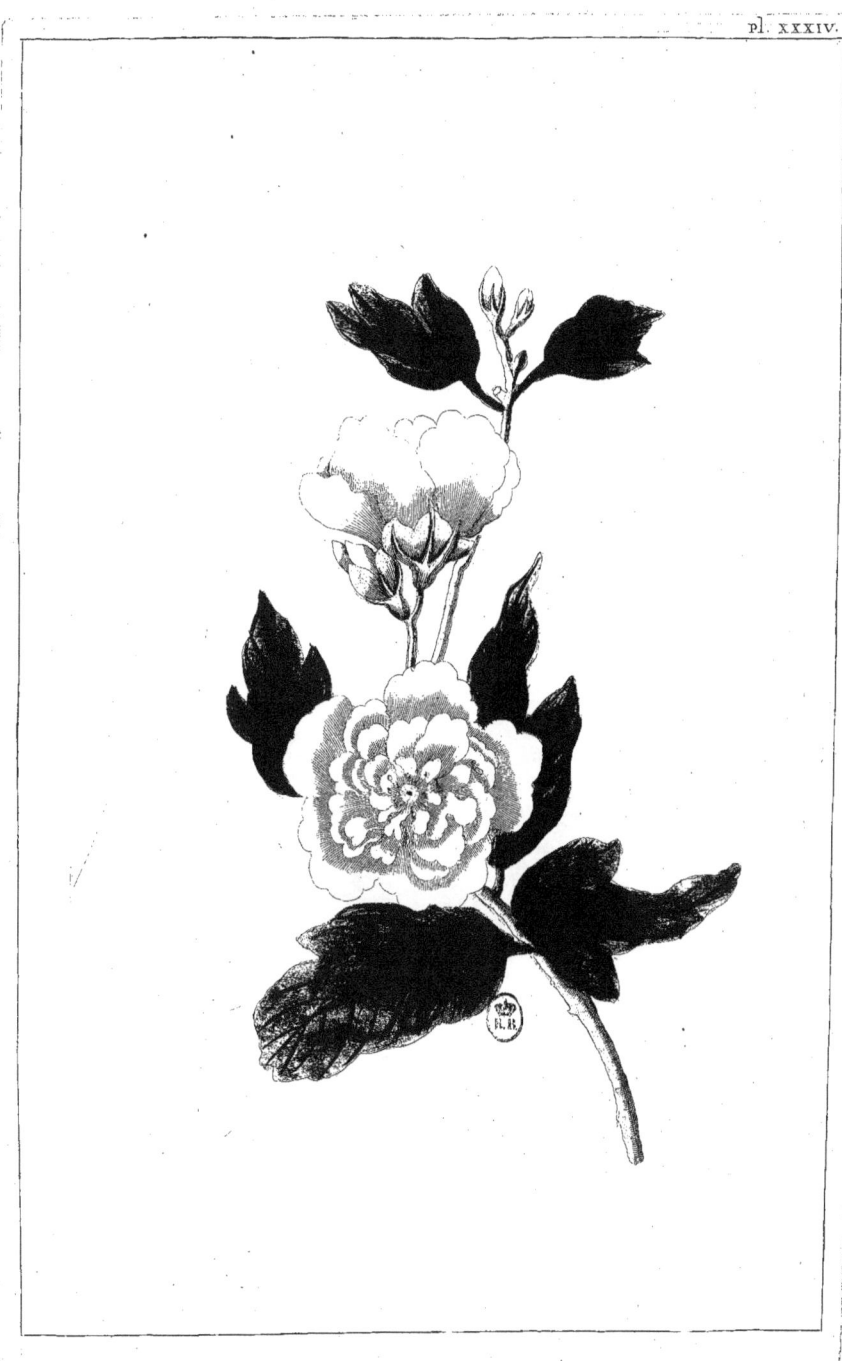

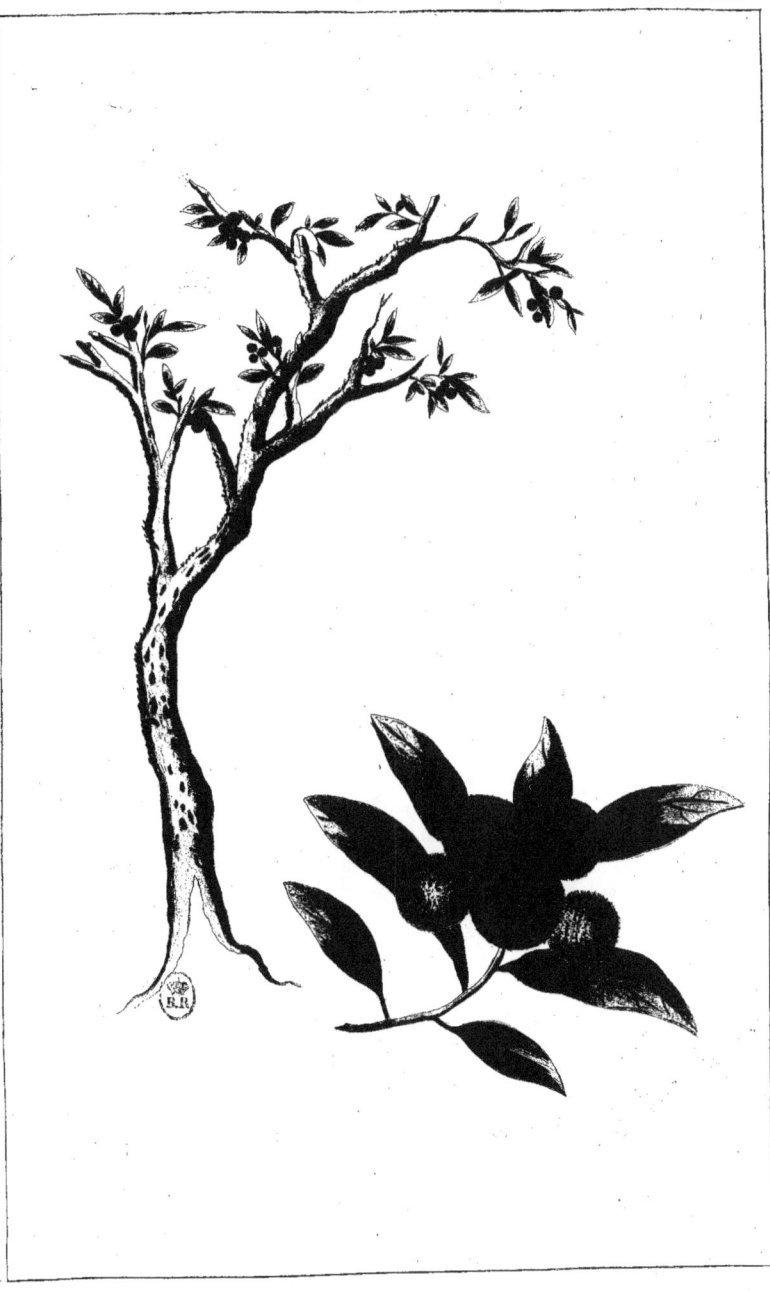

Pl. XXXV

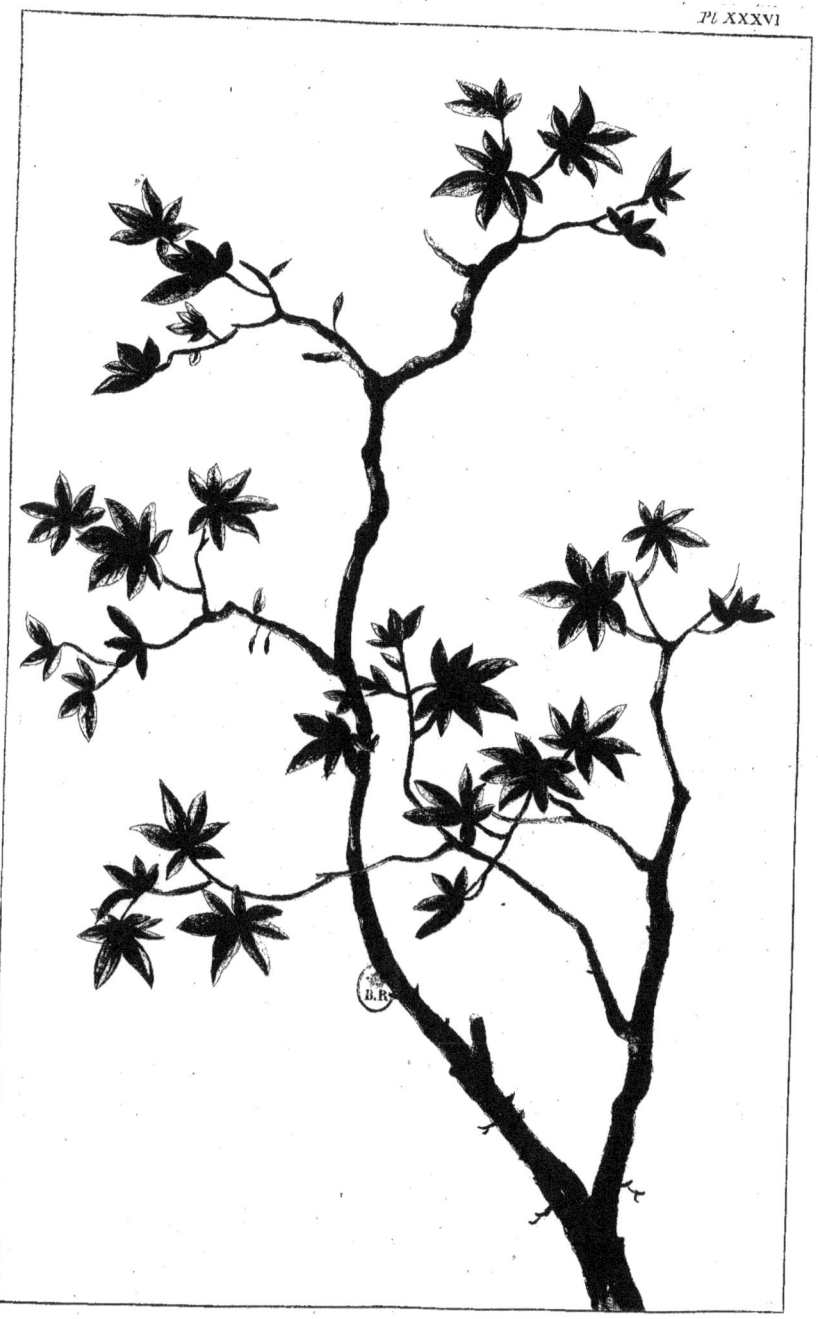

Pl XXXVI

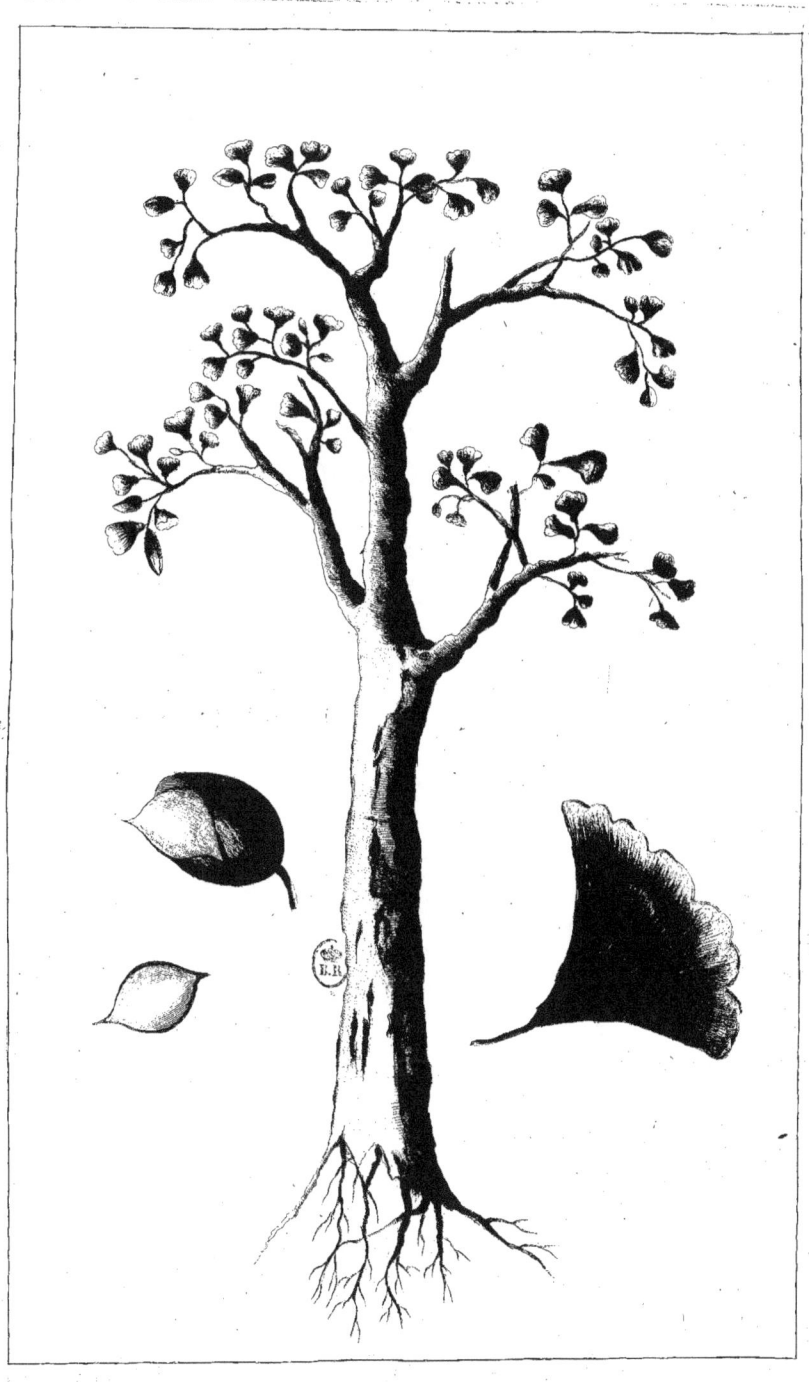

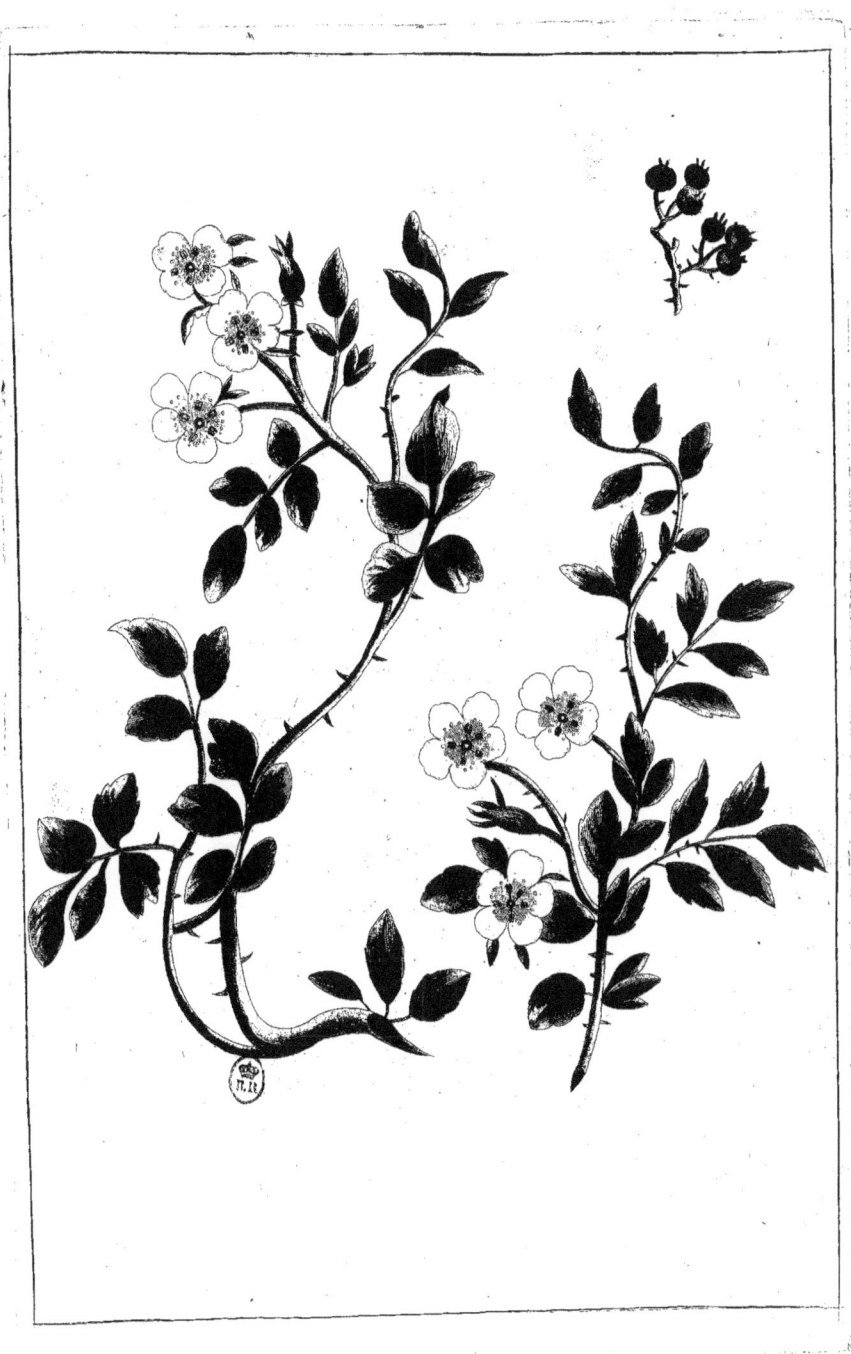

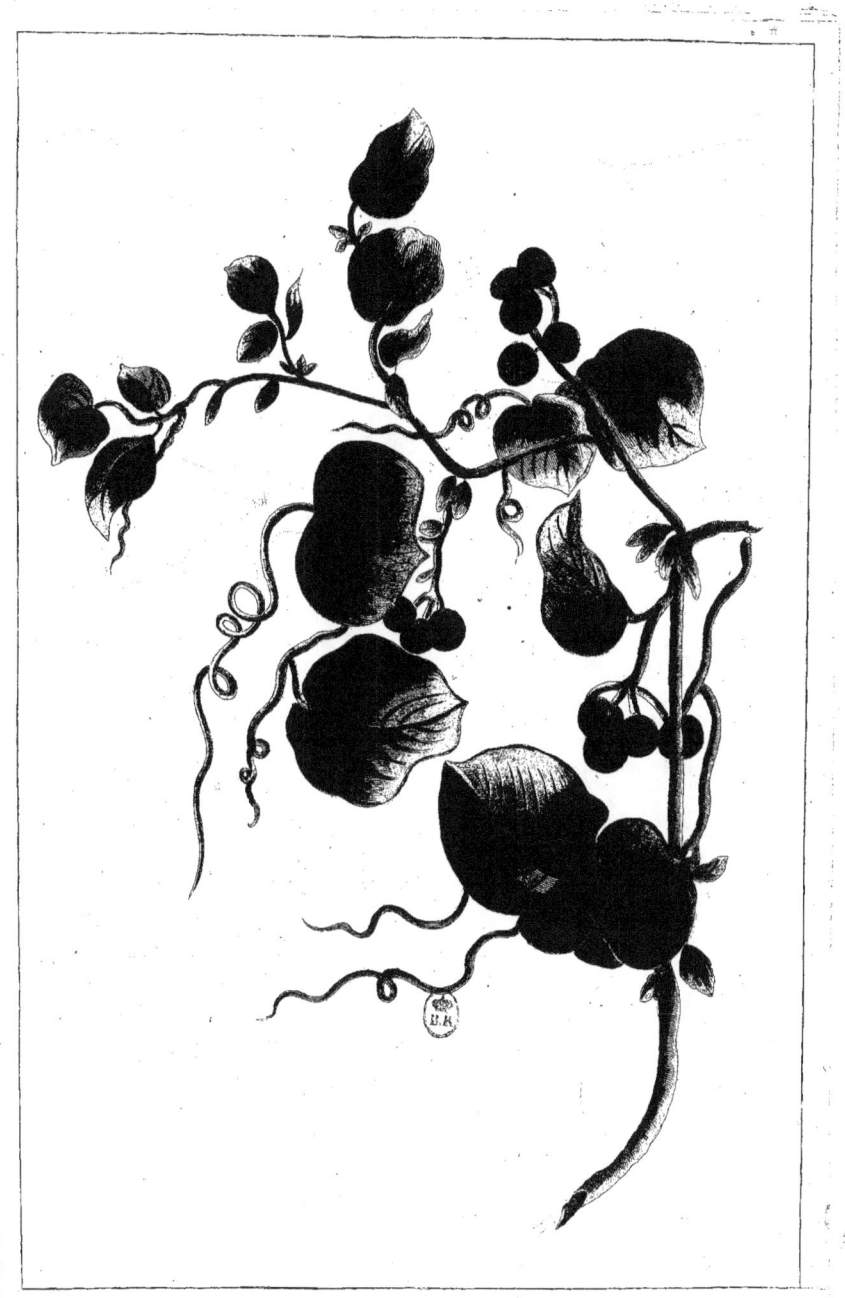

pl. I. Dolichos glacinus. [illegible]
pl. II. Menispermeas japonicus.
pl. III. Rubus japonicus. an species?
pl. IV. Cucurbitus japonicus
pl. V. an Cambogia?
pl. VI. Prunus japonicus.
pl. VII. Citrus aurantium
pl. VIII. Camellia japonica
pl. IX. [crossed out] Xanthenia japonica. an Clintitii affinis?
pl. X. Hibiscus flavus.
pl. XI. Atragene japonica.
pl. XII. Clusia no punctata
pl. XIII. Papaver hortensis.
pl. XIV. Prunus japonicus.
pl. XV. Chrysanthemum [illegible]. la matière de jade.
pl. XVI. Paeonia japonica.
pl. XVII. Hypericum japonicum
pl. XVIII. Chrysanthemum Coronarium.
pl. XIX. Iris pseud[o]
pl. XX. an gardenia? [illegible] Affinis Cambojia.
pl. XXI. Orchis [illegible] an lobelia? Dacr. [illegible]
pl. XXII. [illegible] Cerasus.
pl. XXIII. an prunus?
pl. XXIV. an prunus? [illegible]
pl. XXV. mirabilis [illegible]
pl. XXVI. an Citrus aurantium?
pl. XXVII. an limon? [illegible]
pl. XXVIII. Prunus [illegible]
pl. XXIX. [illegible]
pl. XXX. [illegible] viridis
pl. XXXI. fig. 1. [illegible] japonicus. fig. 2. an Citrus [illegible] japonicus?
pl. XXXII. Paeonia japonica
pl. XXXIII. Spiraea palmata.
pl. XXXIV. Hibiscus [illegible] Sinensis flor[e] [illegible]
pl. XXXV. licali.
pl. XXXVI. Styrax liquidambar
pl. XXXVII. gin kgo biloba. Le noyer des Japon, l'arbre aux 40 écus.
pl. XXXVIII.

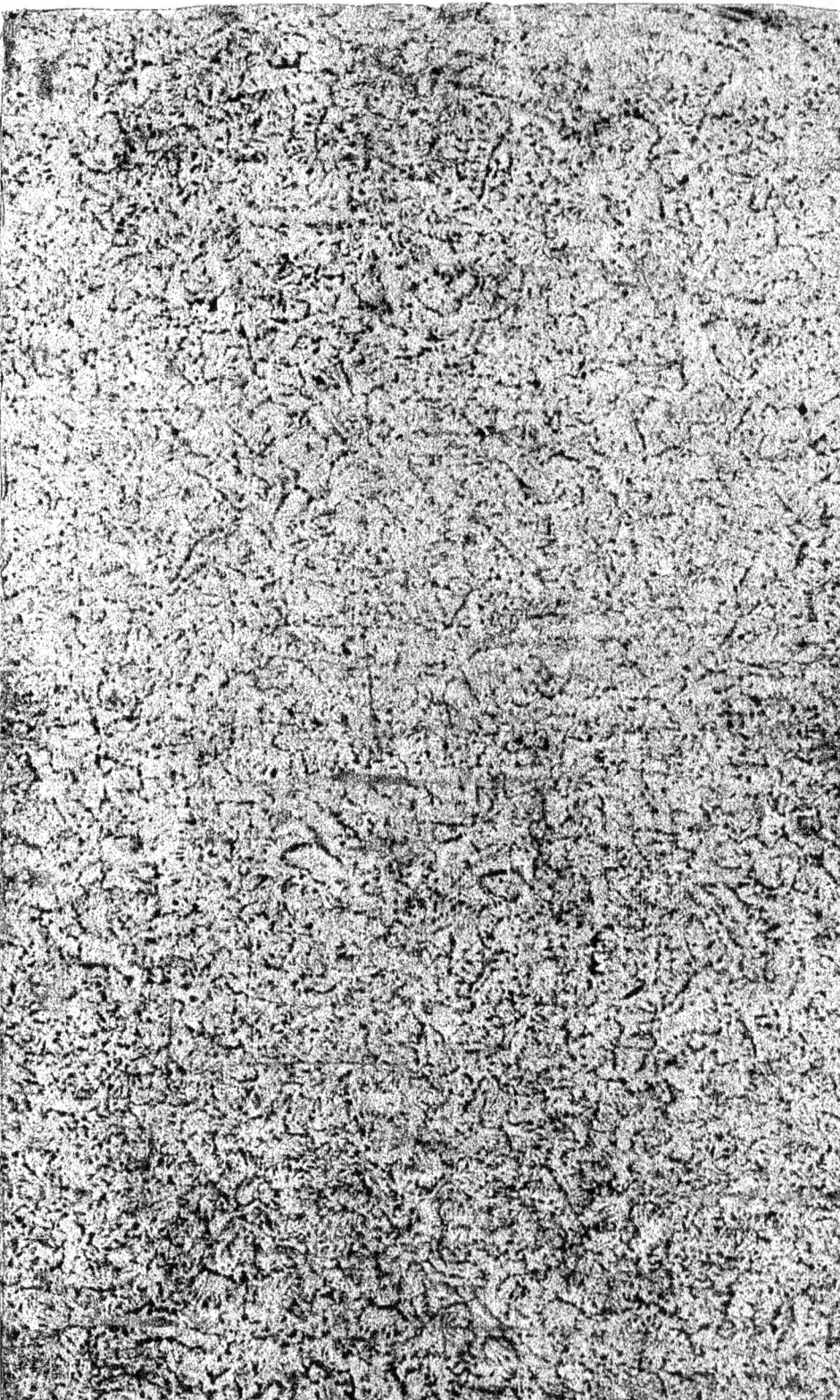

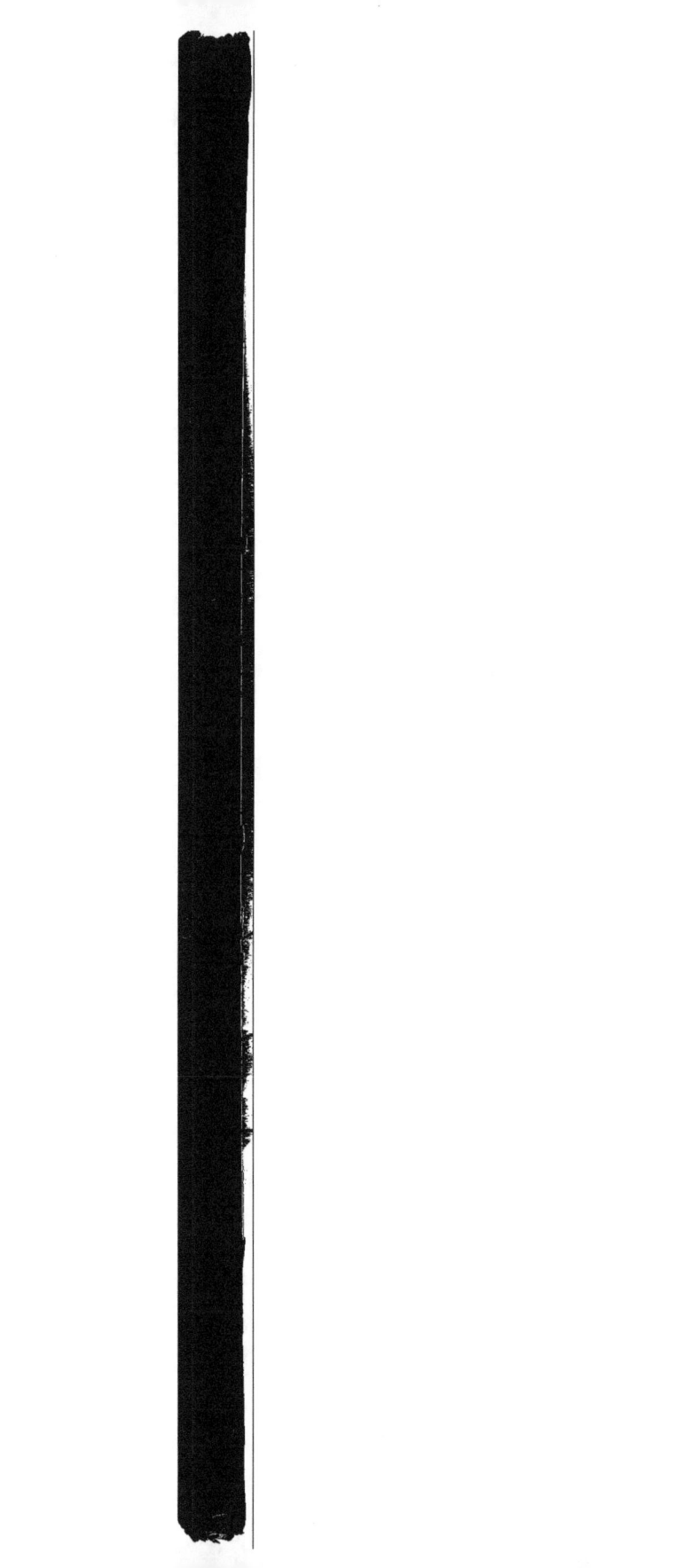

www.ingramcontent.com/pod-product-compliance
Lightning Source LLC
Chambersburg PA
CBHW070315230526
45470CB00002B/886